세상에서
가장 재미있고,
불쌍하고,
놀라운 **동물
도감**

이마이즈미 다다아키 감수 | 아사히신문출판 편집부 글
요코야마 미유키 그림 | 나운영 옮김

살림어린이

머리말

현대인인 우리는 어른이나 아이 할 것 없이 모두 바쁜 하루를 살고 있습니다. 학교도 가야 하고 학원에서 모자란 공부도 보충해야 하고, 어른이라면 회사에, 아이도 키우고 나이 드신 부모님도 챙겨야 하고…. 바쁘게 사는 게 당연하다 싶다가도 가끔 이런 생각이 들 때는 없나요?

'아, 가끔은 집을 떠나 자연 속에서 여유롭고 느긋하게 한번 살아봤으면…!'

저도 그 기분 충분히 이해해요. 그런데 혹시 아세요? 자연 속에 사는 동물들도 우리 사람 사는 거랑은 비교도 안 될 만큼 혹독하고 불합리한 경쟁과 규칙이 있다는 사실을요!

판다는 쌍둥이를 낳지만 한 마리밖에 키우지 않아요. 수컷 가터뱀은 8개월 동안 아무것도 먹지 못한 채 암컷을 얻기 위해 쟁탈전을 벌여야 하죠. 어린 아마미검은멧토끼는 이틀에 한 번, 그것도 2~3분밖에 엄마 아빠를 만날 수가 없어요.

우리의 눈으로 보면 쉽게 이해되지 않지만, 동물들은 오랜 시간 진화를 통해 이런 삶의 방식을 찾아냈어요.
　서로 피를 나누며 이웃 관계를 유지하는 흡혈박쥐도 있는가 하면, 다 커서도 엄마와 아빠의 신세를 지는 갈라파고스펭귄처럼 우리 인간을 꼭 빼닮은 동물도 있어요. 사람들이 대부분 인간관계 때문에 고민하듯 동물들도 가족과 동료 때문에 골머리를 썩이죠.
　이 책에는 그런 동물들이 매일 살고 있는 무리와 가족, 그리고 일상생활 속에 숨어 있는 우울한 규칙들과 행동을 소개하려고 합니다.
　고민하는 동물들의 사연을 읽다 보면 우리 인간들도 보고 배울 수 있는 삶의 지혜와 힌트를 얻을 수 있을지도 모르잖아요.

이마이즈미 다다아키

세상에서 가장 재미있고,
불쌍하고, 놀라운
동물도감

머리말 _2

제1장 무리의 규칙이 너무 엄격해 우울해

회색늑대 무리에서 그만 나올까 고민 중이에요 _12
인도공작 어떻게 해야 암컷한테 인기를 얻죠? _15
사자 요새 나이가 나이인지라 무리를 지켜낼 수 있을지 걱정이 태산 같아요 _18
염소 할머니가 하는 말을 도통 알아들을 수가 없어요 _21
길고양이 동네에서 밤마다 나오라는 모임이 많아서 괴로워요 _24
일본원숭이 아니 온천 정도는 마음대로 들어가도 되잖아요! _27
개미 일하는 게 보람 아닌가요? 재내들은 왜 빈둥빈둥 놀죠? _30
아프리카코끼리 무리의 대장인 엄마랑 말싸움이 끊이질 않아요 _33
가터뱀 암컷을 두고 벌이는 과격한 사투!
짝을 찾는 게 이렇게 힘들다니 죽을 것 같아요 _36
호랑이꼬리여우원숭이 여성 상사 성격이 최악이에요 _39
흡혈박쥐 옆집에서 자꾸 나눠 주는데 뭘로 보답하면 좋을까요? _42
두꺼비고기 여자 친구를 만들기 위한 노래, 노력하면 더 잘 부를 수 있을까요? _45
닷거미 여자 친구가 완전 자기 맘대로예요 _48
소라게 수상한 남자가 밖에서 서성거리며 제 소라를 넘보고 있어요 _51
벌거숭이뻐드렁니쥐 하고 싶지 않은 일을 맨날 시켜요 _54
긴팔원숭이 옆집이 너무 시끄러워서 미칠 것 같아요 _57

제2장 가족과 함께 있는 일이 우울해

자이언트판다 쌍둥이를 둘 다 잘 키울 자신이 없어요.
한 마리는 거의 방치하고 있죠 _62

솜털머리타마린 육아하는 아빠가 이렇게 힘들 줄이야! _65

고니 애들이 너무 무거워요. 언제까지 업어 키워야 하죠? _68

갈라파고스펭귄 슬슬 독립할 나인데, 아들이 전혀 자립할 마음이 없어 보여요 _71

기린 남동생이 무사히 태어날 수 있을까요? _74

캥거루 엄마가 주머니를 꼭 닫고 못 들어가게 해요 _77

태즈메이니아데빌 우리는 네 쌍둥이. 엄마의 무서운 비밀을 알아버렸어요 _80

초원들쥐 남편이 바람 피우는 걸 목격하고 말았어요 _83

파타고니아마라 공동생활을 해요.
그런데 가정교육이 안 된 애들이 너무 많아요 _86

타조 다른 암컷 알은 미끼로 써도 괜찮겠죠? _89

흑등고래 나는 맨날 뒷전! 제멋대로 구는 남편을 두고 보는 것도 하루 이틀이죠! _92

아마미검은멧토끼 이틀에 한 번, 겨우 2~3분밖에 엄마를 못 봐요 _95

점박이하이에나 수컷은 도움이 안 돼요.
일하랴 애들 키우랴 몸이 남아나질 않네요 _98

하마 엄마가 화가 나서 큰일이에요. 화나면 머리로 들이받아 버리거든요 _101

제3장 하루하루가 너무 힘들어서 우울해

얼룩말 맨날 서서 자기 힘들어요. 가끔은 네 다리 쭉 뻗고 자고 싶어요 _106

북극곰 씻어도 씻어도 더러운 때가 안 벗겨져요 _109

일본사슴 적 앞에서 꼼짝하지 않고 숨어 있을 때면 떨려서 죽을 거 같아요 _112

산호 빌붙어 사는 물고기가 맨날 미끌미끌한 입술로 키스를 해요 _115

너구리 공동 화장실에 똥을 모아두는 거 그만두면 안 될까요? _118

양 이렇게 된 이상 들이박아야죠.. 제대로 싸우는 게 뭔지 한번 보여주죠 _121

순록 아내가 밥을 안 나눠줘요. 뿔로 들이받아 주고 올게요 _124

올챙이 우리가 왜 하늘을 날아야 하죠? _127

말레이맥 젊은이들! 소변 매너 좀 지킵시다! _130

꿀벌 결혼하려고 접근했다가 사기 당했어요 _133

노래기 우리가 뿜는 독을 바르는 약 대신 쓰지 마세요! _136

가시가지나방 애벌레 하루의 절반 이상을 새똥인 척하며 살아요 _139

제4장 사람들이 오해해서 우울해

검은코뿔소 저 하나도 안 까만데요? _144

코알라 지금이 봄이에요? 겨울이에요? 이러다 애들 감기 들겠어요 _147

해달 인간은 적이에요? 우리 편이에요? 우릴 좋아해줘서 고맙긴 하지만… _150

나무늘보 그러니까 난 게으름뱅이가 아니라고요! _153

둥근귀코끼리 제발 내 이름 좀 정확히 외워주세요 _156

바다사자 우리를 물개 취급하지 마세요! _159

반달가슴곰 제일 좋아하는 건 도토리! 산에 먹을 게 없어서 힘들어요 _162

따오기 다시 한번 자연 속에서 살아갈 수 있을까요? _165

큰거문고새 흉내 내기 잘하는 수컷을 찾아요.
그런데 요새 이상한 울음소리를 내는 건 왜죠? _168

멧돼지 먹이를 던지지 마세요! 모래가 묻은 먹이는 싫어요! _171

개 주인님이 안 돌아와요 _174

두루미 내가 1,000년을 산다고요? _177

맺음말 _180

이 책에 대한 설명

페이지마다 동물들의 우울한 고민거리들이 가득!

마치 인터넷 상담 게시판에 올라온 듯한 다양한 동물들의 고민거리가 궁금하지 않나요?

① 동물의 이름, 고민, 성별, 나이, 자기 PR이 작성되어 있습니다.

② 우울한 정도를 5단계로 표현했습니다.

③ 동물들이 하소연하는 고민 내용이 적혀 있습니다. 마커로 표시된 부분은 동물의 생태를 알려주는 주목할 부분입니다.

④ 동물의 정식 이름과 분류 그룹, 크기, 사는 곳, 눈에 띄는 특징과 능력 등을 소개하고 있습니다.

⑤ 동물의 생태와 이상한 행동을 하는 이유를 설명하고 있습니다. 왜 그런 고민을 하는지 알 수 있습니다.

⑥ 고민을 해결하는 힌트가 될 수도 있는 여러 다양한 사람들의 명언, 격언을 소개하고 있습니다. "아하!" 할지 "글쎄…?" 할지는 사람마다 달라요.

암컷들이
너무 드세요!
그래서 힘들어요!

제1장

무리의 규칙이 너무 엄격해 우울해

여럿이 모여 사니 적들도 무섭지 않았어요. 그런데 같이 어울려 살다 보니 싸울 일도 많아요. 그래서 싸우지 말라고 무리에는 엄격한 규칙이 있어요. 무리 안에서 안전하게 살아야 할지 아니면 자유를 찾아 뛰쳐나가야 할지…. 매일 고민하며 살아요.

우울한 단계
★★★★★

무리에서 그만 나올까 고민 중이에요

(수컷·3세·서열 4위)

늑대 무리는 두목님 힘이 너무 세요. ==무리에선 두목만 자식을 낳을 수 있어요.== 내가 지금 속해 있는 무리는 모두 8마리. 두목님하고 두목님 부인을 뺀 나머지 6마리는 그냥 부하로 보면 돼요. 6개월 전에 두목님 애들이 태어났는데 매일 밥을 챙겨서 먹여야 하는 것도 우리들 일이에요. 힘들게 잡은 사슴도 두목님 애들한테 다 갖다 바쳐야 해요. 물론 처음에 사냥한 사슴고기를 먹는 건 저예요. 그럼 뭐해요? ==두목님 애들 앞에서 아까 먹은 사슴고기를 도로 다 뱉어내서 먹여줘야 하는데.== 뭐 이유식 같은 거죠. "도대체 너희 부모님은 하는 일이 뭐니?" 하고 호통을 치고 싶었지만, 꾹 참았어요.

그리고 우리를 자꾸 '한 마리의 외로운 늑대'라고 부르는데, 우리는 혼자 살지 않아요. 무리를 지어 살죠. 그것도 이렇게 힘든 계급 사회라고요! 그런데 이젠 정말 나도 무리를 떠나 독립을 해볼까 심각하게 고민 중이에요. 난 어떡하면 좋을까요?

무리의 규칙이 너무 엄격해 우울해 **제1장**

동 물 명 : 회색늑대
분　　류 : 갯과
크　　기 : 1~1.5m
서 식 지 : 북아메리카, 그린란드, 유럽, 아시아
특　　징 : 팀버늑대라 부르기도 함. 늑대 부류 중에는 멸종 위기에 처한 종류도 있다.

이렇게 살고 있어요

늑대는 8~15마리 정도가 무리를 지어 생활해요. 무리의 상하 관계는 아주 엄격하며 두목의 힘은 상상을 초월하죠. 두목 늑대는 무리의 목적지와 행동을 모두 결정하며 다른 늑대들은 두목의 결정에 무조건 따라야 해요. 그런 무리에서 뛰쳐나온 '한 마리의 외로운 늑대'는 자신의 무리를 만들기 위해 여행을 하지만 다른 무리에게 공격을 받아 죽는 경우도 있어요.

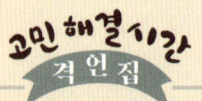

당신이 옳다고 생각하는 일을 하세요. 그 일을 하든 하지 않든 어차피 비판은 피할 수 없으니까요.

(엘레노아 루즈벨트/미국의 인권활동가)

무리의 규칙이 너무 엄격해 우울해 **제1장**

우울한 단계
★★★☆☆

어떻게 해야
암컷한테 인기를 얻죠?

(수컷·3세·볏 하나는 끝내줌)

이상한 거 물어봐서 미안한데요, 암컷한테 잘 보이고 싶은데 어떻게 하면 돼요?

부채같이 생긴 날개를 멋지게 펼쳐서 보여주라고요? 물론 그 방법은 진즉에 써봤죠. 얼마 전 큰맘 먹고 날개를 쫙 펼쳤는데 하필이면 그때 갑자기 불어온 바람 때문에 스타일 완전히 구겼지만요. 그리고 혹시나 해서 그러는데, 공작 날개에 눈동자같이 생긴 문양이 많으면 많을수록 인기가 많다는 건 다 거짓말인 거 알죠? 누가 그런 거짓 소문을 퍼트리는지 원! 진짜 혼을 내주고 싶어요.

그건 그렇고 난 암컷들한테 인기가 하나도 없어요. 내가 뭘 해도 아무도 쳐다도 안 봐요. 그래서 한번은 수컷들끼리 뭉쳐서 단체로 암컷들에게 어필을 해봤어요. 한번 상상해봐요! 수컷들이 한꺼번에 날개를 쫙 펼치면 얼마나 멋지겠어요? 패션피플 같은 느낌?

그런데 씨도 안 먹혔어요. 이젠 뭘 해도 안 돼요. 아아, 나는 지금 좌절의 구렁텅이에 빠져 있다고요.

15

우리의 규칙이 너무 엄격해 우울해 **제1장**

동 물 명 : 인도공작
분　 류 : 꿩과
크　 기 : 90~230cm
서 식 지 : 남아시아
특　 징 : 수컷 공작은 날개를 펼쳐 암컷 공작의 관심을 끈다.

이렇게 살고 있어요

인도공작은 인기 많은 수컷이 수많은 암컷과 짝짓기를 해 자식을 낳아요. 이런 일부다처제는 공작 말고 고릴라아 사슴도 마찬가지랍니다. 인기를 얻지 못한 수컷들은 힘을 합쳐 제일 인기 있는 수컷을 이겨보려고 하기도 해요. 그러나 역시 암컷들에게는 인기를 얻지 못하죠. 무슨 짓을 해도 암컷들은 쳐다도 안 봐요. 그런 점에서 우리 인간에겐 아직 가능성이 있어 다행인 것 같아요.

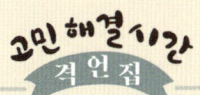

인생을 너무 진지하게 생각하지 않도록. 어차피 살아서는 끝이 나지 않을 터이니.

(엘버트 허버드/미국의 작가)

우울한 단계
★★★★★☆

요새 나이가 나이인지라 무리를 지켜낼 수 있을지 걱정이 태산 같아요

(수컷·8살·머리털이 생명)

집사람하고 애들한테는 절대 비밀인데요, 사실 앞으로도 내 힘으로 우리 가족을 잘 지켜낼 수 있을지 솔직히 너무 불안해요.

얼마 전 나무 그늘 아래서 낮잠을 청하려고 할 때였어요. 저 멀리 젊은 수사자가 이쪽을 쭉 지켜보고 있는 게 보이더라고요. 가슴이 철렁하며 마침내 그 날이 온 건가 싶었죠.

아마 내가 거느린 무리를 노리고 있었을 거예요. ==다 자란 수사자는 누구나 이때다 싶을 때 무리에 접근해 리더인 수컷과 전투를 벌이고 싶어 하거든요.== 전투에서 이길 경우 무리의 새로운 리더가 될 수 있지만, 졌을 때는 죽음까지 각오해야 해요. 뭐 이렇게 사는 게 수사자의 운명이지만요.

마음으로는 아직 젊은 수사자에게 지지 않을 자신이 있어요. 하지만 현실은 벌써 여덟 살. ==수컷의 수명이 대략 열 살 정도니까 역시 체력이 달리는 건 숨길 수가 없어요.==

만약 내가 질 경우, 우리 아이들도 같이 죽을 거예요. 그러니 어떻게 해서든 그것만은 피하고 싶은데….

무리의 규칙이 너무 엄격해 우울해 **제1장**

동물명 : 사자
분　류 : 고양잇과
크　기 : 1.4~2.5m
서식지 : 아프리카, 인도
특　징 : 고양잇과 동물은 혼자서 행동하는 것이 보통이지만, 사자는 무리를 지어 생활한다.

이렇게 살고 있어요

사냥과 애 키우기는 암사자에게 모두 맡겨 둔 채, 수사자는 낮이면 나무 그늘 아래서 쉬고 있는 모습을 볼 수 있어요. 얼핏 게을러 보일지 모르지만 사실 수사자의 활동 시간은 저녁부터예요. 밤이 되면 자기 영역을 지키기 위해 주변을 순찰하죠. 가끔은 젊은 수사자가 싸움을 걸어 올 때도 있어요. 싸움에서 질 경우에는 무리에서 쫓겨나 죽는 경우도 있답니다. 그렇기 때문에 낮에는 될 수 있는 한 쉬면서 체력을 아끼는 중이에요.

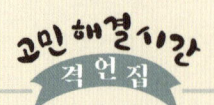

더는 방법이 없을 거라 생각하지 말라. 스스로 위험해 보이는 절벽에 서 보면 새로운 바람은 반드시 불어온다.

(마쓰시타 고노스케/일본의 기업가)

제1장 우리의 규칙이 너무 엄격해 우울해

우울한 단계
●●○○○○

할머니가 하는 말을 도통 알아들을 수가 없어요

(암컷·4세·둘째 아들 양육 중)

좀 물어볼게요. 염소가 "음메에에에엣!" 하면서 끝을 '엣' 하고 우는 거 좀 이상하지 않나요?

난 어렸을 땐 산 위에서 살았어요. 좀 커서는 산에서 내려와 염소 우리에서 아기를 낳고 요새 다시 원래 살던 산으로 돌아왔죠. 그런데 놀랍게도 할머니(그러니까 우리 엄마)가 무슨 말을 하는지 도통 알아들을 수가 없는 거예요.

할머니는 어찌 된 영문인지 "음메에에에엣!" 하고 울어요. 할머니 울음소리를 듣고 있다 보면 뭐 이런 느낌이 들죠. '마지막 '~엣.' 소리가 꼭 필요한가?'. 별걸 다 고민한다고 할지 모르지만, 너무 신경 쓰이는 걸 어떡해요.

처음에는 그동안 내가 너무 염소 우리 생활에 익숙해져서 그런가 보다 했어요. 그런데 요새 우리 둘째 애가 할머니 울음소리를 똑같이 흉내 내는 바람에 좀 걱정이 되네요. 염소 울음소리는 종류가 몇 개밖에 없어서 아주 중요한 일이거든요.

무리의 규칙이 너무 엄격해 우울해 | 제1장

동물명 : 야생염소(들염소)
분　류 : 솟과
크　기 : 1.2~1.6m
서식지 : 서아시아부터 지중해 섬의 바위가 많은 산악 지대
특　징 : 뿔은 자라면서 뒤쪽으로 굽은 모양이 된다. 100마리 이상 무리를 지어 서식.

이렇게 살고 있어요

최근 연구에 따르면 같은 염소라도 태어난 장소와 태어난 해에 따라 울음소리에 미묘한 차이가 난다고 해요. 사람으로 치자면 사투리 같은 거죠. 사실 이런 사투리는 원숭이와 돌고래 세계에도 존재한답니다. 염소는 울음소리 종류가 몇 개 없기 때문에 고생한다고 해요. 하지만 수염에서 나는 냄새로 서로의 상태를 알 수 있기 때문에 아주 큰 영향은 없다고 하네요.

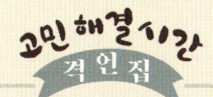

고민해결시간
격언집

사람을 잘 사귄다는 말은 다른 사람을 잘 용서할 수 있다는 것이다.

(로버트 프로스트/미국의 시인)

우울한 단계

동네에서 밤마다 나오라는 모임이 많아서 괴로워요

(암컷·5세·자식 있음)

여러분 어디 나가는 모임 있어요?

빈 건물 한쪽에서 애를 키우고 엄마 고양이에요. 우리 애가 2개월 되던 때부터 동네 엄마들이 볼 때마다 모임에 한번 나오라고 하도 권해서요. 평소에도 밤마다 동네 교회도 나가야 하고 주차장에 얼굴도 내비쳐야 하는데….

모임 시간은 매일 밤 7시 무렵에 시작해서 9시 경이면 끝나는 분위기예요. 참가 인원은 표범무늬 아저씨랑 부인, 편의점 옆에 사는 젊은 부부 포함해서 대충 5~6마리 정도 돼요.

우리 동네는 옆 동네 길고양이 무리랑 살짝 활동 영역이 겹치는 곳이에요. 특히 아파트 음식물 쓰레기 버리는 날에는 한바탕 쟁탈전이 벌어진답니다. 그러니 더 열심히 얼굴을 내보여야 하게 된 거죠. 모임은 그냥 앉아만 있고 달리 따로 하는 것은 없어요. 그런데 이런 모임에 굳이 나가야 할까요?

무리의 규칙이 너무 엄격해 우울해

동 물 명 : 일본고양이(삼색고양이)
분　　류 : 고양잇과
크　　기 : 체중 약 4kg
서 식 지 : 일본 원산
특　　징 : 꼬리가 짧고 하양, 검정, 갈색의 3색 체모가 특징. 약 1,000년 전에 중국에서 일본으로 전해졌다고 한다.

이렇게 살고 있어요

고양이는 매일 밤 모임을 여는데 암컷·수컷 관계없이 3~6마리가 모여요. 모임에 오면 모두 꾸벅꾸벅 졸고 있듯 앉아 있기만 하지 달리 딱히 뭘 하는 건 아니에요. 하지만 고양이 지역 사회를 안정시키기 위해 서로의 얼굴을 보여주는 것은 꼭 필요한 일이에요. 고양이들끼리 먹이 먹는 곳을 공유하는 경우, 서로의 얼굴을 알고 있으면 낯선 고양이가 들어왔을 때 금방 쫓아낼 수 있기 때문이지요.

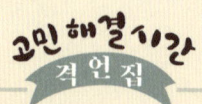

당신이 만나는 모든 이들에게 친절히 대해라. 그들 모두 혹독한 전투를 치르고 있으니.

(플라톤/고대 그리스의 철학자)

무리의 규칙이 너무 엄격해 우울해 **제1장**

우울한 단계
★★★☆☆

아니 온천 정도는
마음대로 들어가도 되잖아요!

(암컷·7세·제일 좋아하는 것은 귤)

하도 스트레스를 받았더니 털이 다 빠질 것 같네요. 무슨 좋은 방법이 없을까요?

나는 일본 나가노현에 있는 지옥 계곡이라는 곳에서 살고 있어요. 겨울에도 눈이 엄청나게 쌓이는 추운 곳이죠. 산턱 밑을 흐르는 강은 늘 꽁꽁 얼어 있어요. 이렇게 추워서 얼어 죽을 것 같은 날에도 우리는 종일 밖에서 먹을 것을 찾아야 해요. 겨울이라 먹을 것이 얼마 되지도 않지만, 체온을 유지하려면 계속 나무순 같은 것을 먹어야 하거든요.

이런 추운 겨울 사는 재미라면 딱 하나! 바로 온천이죠. 그 뜨끈뜨끈한 온천물에 몸을 담그면 내가 온천인지, 온천이 나인지 모를 정도로 환상적이에요.

그런데 너무 심한 규칙이 하나 있어요. 글쎄 무리 중에서 서열이 제일 낮은 암컷은 온천물만 적시고 바로 나와야 한다는 거예요. 빨리 안 나갔다가는 무슨 일이 생길지 장담 못 해요. 뭐 물이 닳는 것도 아니고 온천 정도는 좀 편하게 해도 되잖아요?

제1장 무리의 규칙이 너무 엄격해 우울해

동물명 : 일본원숭이
분　류 : 긴꼬리원숭잇과
크　기 : 47~61cm
서식지 : 일본 시모키타 반도부터 야쿠시마 산림
특　징 : 빨간 얼굴과 꼬리가 특징. 영어로는 스노멍키라고 부른다.

이렇게 살고 있어요

최근 일본 교토대학교 연구팀이 온천을 즐기는 일본원숭이 암컷 똥에는 스트레스 호르몬 양이 적다는 사실을 밝혀냈어요. 즉 일본원숭이는 온천을 하면서 스트레스를 푼다는 거예요. 다만 한 가지 안타까운 사실은 무리 중에서 서열이 제일 낮은 암컷은 서열이 높은 암컷보다 빨리 온천을 하고 나와야 해요. 좀 안쓰럽긴 해도 규칙은 규칙이니까요.

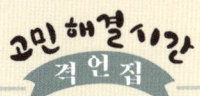

고민해결시간 - 격언집

다른 사람을 바꾸고 싶다면 먼저 자기 자신부터 변화의 원동력이 되어야 한다.

(간디/인도의 종교 지도자)

우울한 단계
★★★★☆

일하는 게 보람 아닌가요?
쟤네들은 왜 빈둥빈둥 놀죠?

(암컷·1세·초콜릿 좋아함)

여왕개미님을 위해 열심히 일하는 게 개미의 보람이라 여기며 열심히 일했어요. 왜냐하면 여왕개미가 낳은 알이 차기 여왕이 될지, 그냥 일개미가 될지는 우리가 열심히 일해서 가져온 먹이의 양에 따라 결정되거든요. 그러니 더 열심히 일해야 하겠어요? 안 해야 하겠어요?

그런데 어느 개미집이고 일 안 하는 개미들이 20%는 돼요. 그렇게 일 안 하는 개미들을 보고 있자면 도대체 자기가 개미라는 걸 아는지 모르는지 물어보고 싶을 정도예요.

물론 일하기 싫어서 안 하는 게 아니라는 것 정도는 나도 알아요. 우리 개미들은 여왕개미의 페로몬이 있어야 일을 할 수 있어요. 수개미는 일은 안 하지만 여왕과 짝짓기해야 하는 일이 있잖아요. 교미가 끝나면 바로 죽기도 하고. 근데 짝짓기도 안 하는 암컷이면서 일도 안 하는 개미는 도대체 무슨 배짱일까요?

무리의 규칙이 너무 엄격해 우울해 　제1장

동물명 : 절엽개미
분　류 : 개밋과
크　기 : 약 12mm
서식지 : 중앙아메리카, 남아메리카
특　징 : 턱으로 나뭇잎을 잘라 개미집으로 운반한다. 그 잎으로 버섯을 재배한다.

이렇게 살고 있어요

개미는 여왕개미를 우두머리로 콜로니라는 집단을 만들어요. 일개미는 여왕개미를 위해 먹을 것을 찾아다니지만, 사실 무리 중에는 일 안 하는 개미가 20%나 된답니다. 이유는 두 가지인데요. 첫 번째 이유는 모두 일하느라 힘들어서 여왕개미를 돌볼 개미가 없어지면 안 되기 때문이고요. 두 번째는 천재지변으로 개미집 환경이 크게 변했을 때 개미가 전멸하는 것을 막기 위해서래요.

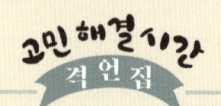

모두 달라도 모두 괜찮아.

(가네코 미스즈/일본의 시인)

제1장 | 무리의 규칙이 너무 엄격해 우울해

우울한 단계
●●○○○

무리의 대장인 엄마랑 말싸움이 끊이질 않아요

(암컷·42세·자유롭게 살고 싶어요)

요즘 엄마랑 너무 많이 싸워서 진짜 엄마가 너무 싫어요.

우리 엄마 나이는 56세, 현재 무리의 대장을 맡고 있어요. 무리에는 나랑 우리 엄마 말고 여동생이 둘, 나랑 여동생이 낳은 아이들이 넷으로 모두 합쳐 8마리예요. 수컷은 짝짓기할 때만 잠깐 무리에 들어왔다 다시 나가요. 그래서 어느 무리건 무리를 이끄는 대장은 제일 나이 많은 할머니 코끼리의 역할이죠.

싸움의 원인은 엄마가 내린 판단에 제가 토를 달았기 때문이에요. 지금 우리가 있는 곳은 풀과 물이 점점 줄어들고 있어서 이동해야 하거든요. 그런데 엄마는 자꾸 남쪽으로 가자고 해요. 하지만 올해는 비가 많이 안 와서 전 남쪽보다 북쪽이 낫겠다고 말씀드렸죠. 그랬더니 엄마는 무슨 소리냐며 절대 남쪽으로 가야 한다고 어찌나 고집을 부리는지….

잘못 판단해서 잘못 이동하면 우리 모두 다 같이 죽을 수도 있어요. 그러니 나도 한 치도 양보할 수 없어요.

무리의 규칙이 너무 엄격해 우울해 — 제1장

- 동 물 명 : 아프리카코끼리
- 분　　류 : 코끼릿과
- 크　　기 : 6~7.5m
- 서 식 지 : 사하라 사막 이남의 삼림과 사바나
- 특　　징 : 지상에서 제일 큰 동물. 암컷과 수컷 모두 긴 엄니가 있는데 암컷의 엄니가 더 가늘고 길다.

이렇게 살고 있어요

아프리카코끼리 한 마리는 하루에 150~200kg의 풀과 나무 열매를 먹으며, 약 100L(욕조의 절반 정도)의 물을 마시며 살아요. 그렇기 때문에 항상 풀과 물을 찾아 이동해야 하죠. 그때 목적지를 정하는 건 무리의 리더인 할머니 코끼리의 역할이에요. 하지만 언제나 바른 판단을 하는 것은 아니에요. 간혹 잘못된 판단으로 굶어 죽거나 갈증 때문에 무리가 전멸할 때도 있답니다.

고민해결시간 — 격언집

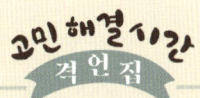

진실을 말하자. 그 결과 어떤 결말이 찾아온다 하더라도.

(엘렌 글레스고/미국의 소설가)

우울한 단계
✸✸✸✸✸✸

암컷을 두고 벌이는 과격한 사투! 짝을 찾는 게 이렇게 힘들다니 죽을 것 같아요

(수컷·3세·5개월째 겨울잠)

   이제 곧 봄이 찾아와요. 그래서 선배님들에게 물어보고 싶어요. 짝짓기가 끝나면 무사히 살아서 집에 갈 수 있나요?

   나는 지금 땅속에서 겨울잠을 자고 있어요. 6개월 동안 아무것도 먹지 못하고 있죠. 뭐 어차피 겨울잠 자느라 먹을 수도 없지만요. 내가 지금 있는 뱀 소굴 안에는 만 마리 정도 되는 수컷 뱀들이 꽉꽉 들어차 있어요.

   그런데 소문에는 봄이 와서 소굴에서 나가도 암컷을 만날 수 있을 때까지는 한 달이나 더 기다려야 한대요! 한 달이면 생쥐가 태어나서 어른이 될 시간이고요, 명주잠자리 같으면 벌써 죽었을 시간이라고요.

   겨울잠에서 막 깨어나 배고파 죽을 지경인데 암컷을 만나더라도 경쟁률이 1대100이라니요? 짝짓기하는 것보다 살아서 집에 갈 수 있을지가 더 걱정이에요.

무리의 규칙이 너무 엄격해 우울해 **제1장**

동물명 : 가터뱀
분　류 : 뱀과
크　기 : 몸길이 약 120cm
서식지 : 북·중앙아메리카
특　징 : 가터뱀 종류는 몸통이 가늘고 뒷면의 비늘에 근육 모양의 융기가 있다. 수컷은 번식기 때 암컷 뱀에게 공격적으로 다가가 짝짓기를 시도하는데 이들이 한데 엉킨 모습은 거대한 공을 연상케 해 일명 '교미 공'이라 부르기도 한다.

이렇게 살고 있어요

가터뱀은 봄이 되면 수컷과 암컷이 같은 장소에 모여 짝짓기를 해요. 그렇게 하는 편이 확실하게 교미가 가능해서 자손을 남기기 쉽기 때문이지요. 그런데 그 수가 너무 많은 게 문제예요. 수컷은 한꺼번에 5만 마리 이상 몰려드는 일도 있어요. 배가 고픈 채 겨울잠에서 막 깨어나자마자 다른 수컷들과 심한 경쟁을 해야 하다니! 그래서인지 수컷 가터뱀은 금방 노화가 찾아와 수명이 짧다고 해요.

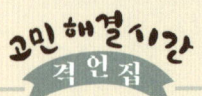

전투에서는 강한 자가 이긴다. 참고 인내할 수 있는 강한 자가!
(도쿠가와 이에야스/일본 전국시대 무장)

무리의 규칙이 너무 엄격해 우울해

 호랑이꼬리여우원숭이

우울한 단계
★★★★★☆

여성 상사의 성격이 최악이에요
(수컷·5세·무리에 들어간 지 2년째)

이젠 정말 지쳤어요. 더 이상 이 무리에 계속 남아 있어 봤자 전망이 없어 보여요.

우리 무리에는 진짜 성격 안 좋은 암컷 두 마리가 있어요. 조금만 맘에 안 들면 바로 울부짖고, 날 때리기도 하고 물어뜯기도 하죠.

여우원숭이는 원래 수컷보다 암컷의 지위가 더 높아요. 그래서 수컷은 서열이 낮으면 진짜 살기 힘들답니다.

암컷한테 잘 보이려면 늘 웃는 얼굴로 울음소리를 내야 해요. 틈을 봐서 무리 안으로 잠깐이라도 들어갔다가는 얻어맞기 십상이어서 무리에서도 항상 약간 떨어진 곳에 있어야 하죠. 찬밥도 이런 찬밥 신세가 없네요. 진짜 웃을 일이 아니에요. 수컷의 경우 3~5년 주기로 다른 무리로 이동하는 게 관례니까 나도 이제 슬슬 나갈 생각을 해야 할 거 같아요.

무리의 규칙이 너무 엄격해 우울해 **제1장**

동물명 : 호랑이꼬리여우원숭이
분　류 : 여우원숭잇과
크　기 : 31~48cm
서식지 : 마다가스카르섬 남서부의 건조한 숲과 강 주변의 숲
특　징 : 활동 시간대는 아침과 해 질 무렵, 점심때는 나무 그늘에서 휴식을 취한다.

이렇게 살고 있어요

호랑이꼬리여우원숭이 무리 중심에는 가장 센 암컷 보스가 있고 그 주변에 다른 암컷과 서열이 높은 수컷, 그리고 가장 바깥쪽에 서열이 낮은 수컷이 있어요. 무리 바깥쪽은 매나 포사 같은 육식 동물에게 공격당하기 쉬워서 아주 위험하거든요. 그런 이유로 연약한 수컷은 '흥흥' 애교 섞인 목소리를 내어 자상한 암컷 맘에 들어 무리 안으로 들어가려고 큰 노력을 한답니다.

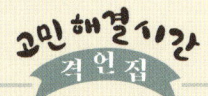

다른 사람과 같이 있을 때가 가장 외로울 때다.
(키케로/고대 로마의 정치가)

우울한 단계
✦✦✦✦✦✦

옆집에서 자꾸 나눠 주는데 뭘로 보답하면 좋을까요?

(암컷·3세·엄마 1년 차)

여러분 좀 알려주세요! 다른 박쥐가 피를 나눠 줬는데 갚을 땐 어떻게 갚나요? 물론 나도 평소에 피를 많이 먹은 날에는 배고파하는 다른 박쥐들한테 피를 나눠 주죠. 그런데 이번에는 사정이 좀 복잡해요.

그게 지난번에 나한테 피를 나눠 준 박쥐한테 "다음에 꼭 갚을게" 하고 약속했거든요. 그런데 실은 그전에도 다른 박쥐한테 피를 얻어먹었지 뭐예요.

우리 박쥐들은 피를 나눠 먹지 않으면 무리에서 왕따를 시켜요. 그러니까 나한테 피를 나눠 줬던 박쥐한테 피를 갚지 않으면 그 박쥐가 절 싫어할지도 몰라요.

그런데 피 한번 빨아 먹으려면 30분이 더 넘게 걸리고요. 그리고 피를 너무 많이 빨아 먹으면 몸무게도 두 배로 늘어나서 하늘을 날 수도 없고. 참 여러 가지로 너무 귀찮게 되었어요.

무리의 규칙이 너무 엄격해 우울해 　제1장

동물명 : 흡혈박쥐
분　류 : 흡혈박쥐과
크　기 : 7.5~9cm
서식지 : 멕시코 북부부터 남아메리카
특　징 : 침 속에 피가 굳지 않도록 하는 물질이 포함되어 있다.

이렇게 살고 있어요

흡혈박쥐는 아이들을 따뜻하게 해주고 적으로부터 보호하기 위해 엄마들끼리 100마리 정도 모여 무리를 만들어서 살아요. 엄마들은 이틀간 아무것도 먹지 않으면 죽기 때문에 배고픈 박쥐가 있으면 다른 박쥐가 피를 나눠준답니다. 그러나 그중에는 피를 나눠 주지 않는 구두쇠 박쥐도 있어요. 그런 박쥐는 아무리 배고파해도 다른 박쥐들이 피를 나눠주지 않는대요.

고민 해결 시간 - 격언집

모두의 친구가 되려고 하는 사람은 어느 누구의 친구도 될 수 없다.

(빌헬름 페퍼/독일의 식물학자)

무리의 규칙이 너무 엄격해 우울해 **제1장**

두꺼비고기

우울한 단계
●●○○○○

여자 친구를 만들기 위한 노래, 노력하면 더 잘 부를 수 있을까?

(수컷·1세·애인 모집 중)

얼마 전에 너무 충격적인 일이 있었어. 그러니까 내 이야기 좀 들어봐.

나는 지금 여자 친구를 찾고 있어. 암컷에게 잘 보이려고 세상에서 단 하나뿐인 노래를 만들었지. 처음 노래를 부를 때는 좀 긴장됐지만, 나름 잘 만든 노래라 정말 열심히 노래를 불렀어.

그렇게 노래를 부르기 시작하고 며칠이 지난 어느 날, 처음으로 암컷이 내게 가까이 다가와준 거야. 난 너무 신나서 있는 힘을 다해 더 큰 목소리로 노래를 불렀지. 그런데 그때 무슨 소리가 들려왔어.

"곳브~곳곳~브~브~"

뒤돌아보니 다른 수컷이 리듬을 넣어가며 천천히 이쪽으로 다가오고 있더라고. 그 수컷한테 완전히 밀렸지 뭐. 저렇게도 노래를 부를 수 있다니! 부레 레벨이 너무 다르더라고. 결국 난 그 수컷이 암컷을 데리고 떠나는 모습을 잠자코 볼 수밖에 없었어.

우리의 규칙이 너무 엄격해 우울해 — 제1장

- **동물명** : 두꺼비고기
- **분　류** : 망둥엇과
- **크　기** : 약 37cm
- **서식지** : 파나마에서 브라질까지 얕은 여울에 서식
- **특　징** : 등이 갈색이며 검은 바둑무늬 모양이 있다. 배는 옅은 갈색을 띠고 있다.

이렇게 살고 있어요

두꺼비고기는 바닷속 깊은 바위틈에 사는 멕시코만아귀라는 물고기와 친척이에요. 두꺼비고기 수컷은 '곳'이라는 짧은 소리와 '브~'라는 긴 소리를 조합해 독창적인 노래를 만들어 암컷을 유혹하죠. 수컷이 노래할 때 다른 수컷이 끼어들어 노래 싸움이 일어나는 일도 있어요. 보다 더 독특한 노래를 부르는 수컷이 다른 수컷을 이길 수 있다고 해요.

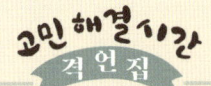

고민 해결 시간 — 격언집

자기 자신을 이 세상의 어느 누구와도 비교하지 말라. 비교는 자신을 모멸하는 행위다.

(빌 게이츠/미국의 사업가)

우울한 단계
★★★★★

여자 친구가 완전 자기 맘대로예요

(수컷·1세·끈기 있음)

진짜 화가 나요.

지금 나한테는 정말 맘에 드는 암컷이 있어요. 그래서 얼마 전 파리를 잡아서 그녀에게 선물로 줬죠. 내가 그거 잡으려고 얼마나 많이 노력했는데요. 제법 큰 파리를 잡아다 정성 들여 거미줄로 포장까지 해서 선물했어요.

그런데 암컷이 그 선물을 보고 "흥~" 이러더니, "그럼 이만." 이라며 선물만 받아서 가버리려고 하는 거예요. 난 너무 황당했죠.

"잠깐만 기다려봐." 하고 난 자연스럽게 말을 걸었어요.

그런데 암컷이 "너하고는 교미하고 싶지 않아." 그러는 거예요. 당황했지만 난 그 말을 듣자마자 재빨리 죽은 척했어요. 그대로 선물에 매달려서 그녀의 집까지 몰래 들어가려는 작전이었죠.

제가 나쁜 거 아니죠? 나쁜 건 암컷 아닌가요?

무리의 규칙이 너무 엄격해 우울해 **제1장**

동물명 : 유럽닷거미
분　류 : 닷거미과
크　기 : 7~15mm
서식지 : 유럽 전역, 북아프리카부터 아시아 온대지역
특　징 : 수컷은 무릎을 동그랗게 만 자세로, 암컷이 잘 보이도록 위턱에 선물을 매달고 구애 행위를 한다.

이렇게 살고 있어요

수컷 닷거미는 암컷과 교미하기 위해 파리 같은 곤충을 잡아 실로 싸서 선물해요. 물론 선물이 없어도 교미를 할 수는 있지만 그럴 경우 대부분 수컷은 암컷에게 잡아먹히고 말죠. 한편 선물을 줘도 교미를 허락하지 않는 암컷도 있어요. 그럴 때 수컷은 죽은 척하며 선물에 달라붙어요. 뭐 이젠 맘대로 하라 이거지요.

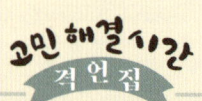

연애란 두 사람이 함께 어리석어지는 일이다.

(폴 발레리/프랑스 작가)

제1장 무리의 규칙이 너무 엄격해 우울해

 소라게

우울한 단계 ★★★★☆

수상한 남자가 밖에서 서성거리며 제 소라를 넘보고 있어요

(암컷·7세·이사 중독)

긴급 사태! 긴급 사태! 누가 좀 도와주세요! 어젯밤 소라 껍데기 속에서 막 자려고 할 때였어요. 근처에서 "사사삭" 하는 소리가 나더라고요. 무슨 일인가 싶어 소라 껍데기에서 얼굴을 내밀고 밖을 살펴봤죠. 그때 처음 보는 젊은 수컷이 도망가는 게 보였어요.

아마 내 소라 껍데기를 뺏으려고 했던 거 같아요. 성장기 소라게는 자기 몸 크기에 맞춰 조개껍데기를 큰 것으로 계속 바꿔야 해요. 하지만 새 조개껍데기를 찾지 못해 초조해진 친구 중에는 일부러 자신의 조개껍데기를 상대방 껍데기에 부딪쳐서 억지로 껍데기에서 나가게 하는 애들도 있대요. 아니면 독이 들어 있는 말미잘을 집게발에 달고 단단히 무장하고 쳐들어오는 소라게도 있고요.

조개껍데기를 뺏기면 어쩔 수 없이 사람들이 버린 캔이나 페트병을 메고 다니는 소라게도 있어요. 요샌 정말 불안해서 밤에 잠도 잘 안 와요.

우리의 규칙이 너무 엄격해 우울해 제1장

- 동물명 : 왼손잡이소라게
- 분　류 : 소라게과
- 크　기 : 1.2cm
- 서식지 : 서태평양~인도양, 일본 사쓰난 제도 이남
- 특　징 : 고둥 껍데기에 들어가거나 다 성장한 것은 두껍고 무거운 조개껍데기를 좋아한다.

이렇게 살고 있어요

소라게는 게나 새우처럼 갑각류예요. 하지만 자신을 보호할 껍데기를 갖고 있지 않아서 주운 조개껍데기에 들어가 살죠. 단 소라게 숫자만큼 조개껍데기가 많은 게 아니어서 언제나 집 찾기가 힘들어요. 그래서 개중에는 안타깝게도 다른 소라게 껍데기를 강제로 뺏거나 빈 캔이나 페트병 같은 것을 짊어지고 다니는 소라게도 있답니다.

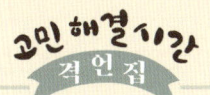

고민해결시간 - 격언집

서로 뺏으면 모자라지만, 서로 나누면 남는다.

(아이카 미쓰오/일본의 서예가)

벌거숭이뻐드렁니쥐

우울한 단계
★★★★★

하고 싶지 않은 일을 맨날 시켜요

(암컷·10세·오동통한 스타일)

여러분! 하기 싫은 일인데 안 하면 안 될 때는 어떻게 해요?

알다시피 우리 무리는 여왕이 제일 높은 계급 사회예요. 여왕 밑에는 여왕과 짝짓기 할 수컷 몇 마리와 집을 지키는 병사, 그리고 그 밑에는 먹거리 담당과 구멍 파기 담당을 하는 노동자가 있어요. 나는 그중에서도 '이불 담당'이에요. 여왕님 아기들이 춥지 않도록 종일 옆에 붙어서 돌봐야 하는 일이죠.

내가 하는 일도 중요한 일이라는 건 알아요. 그런데 가끔 '우린 왜 모두 벌거숭이일까?'라는 생각이 들 때가 있어요. 솔직히 우리한테도 털이 있었으면 좋겠어요. 그리고 여왕님! 애들 틈에 섞여서 제 몸 위로 올라오는 것 그만하세요.

그렇지만 병사 쥐도 뱀이 쳐들어왔을 때는 자기가 잡아먹히면서까지 집을 지켜주니까 쉬운 일은 하나도 없어 보이네요.

무리의 규칙이 너무 엄격해 우울해 　제1장

동 물 명 : 벌거숭이뻐드렁니쥐
분　　류 : 뻐드렁니쥐과
크　　기 : 8~9cm
서 식 지 : 에티오피아, 소말리아, 케냐
특　　징 : 몸에는 거의 털이 없으며 지하에서 생활한다.

이렇게 살고 있어요

징그럽지만 귀여워서 인기 있는 벌거숭이 뻐드렁니쥐는 사실 굉장한 능력을 갖춘 쥐예요. 울음소리를 17종류나 나눠 쓸 정도의 높은 지능 말고도 평균 수명이 30년일 정도로 몸도 튼튼하죠. 또 암에도 걸리지 않고, 산소가 없는 상태에서도 18분 정도 살 수 있다는 실험 결과도 있어요. 엄격한 계급 사회를 이루며 역할 분담을 확실히 나눠 사는 것이 특징이에요. 이렇게 엄청난 능력을 갖춘 쥐가 이불 담당이라니 너무 아깝지요?

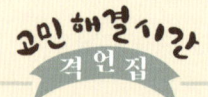

최고의 처세술은 타협하지 않고 적응하는 것이다.
(게오르그 짐멜/독일의 사회학자)

우리의 규칙이 너무 엄격해 우울해 제1장

우울한 단계
★☆☆☆☆

옆집이 너무 시끄러워서 미칠 것 같아요

(암컷·11세·시골 살아요)

내가 너무 신경질을 부리는 걸까요?

우리 가족은 동남아시아 열대 우림에서 살고 있어요. 그런데 매일 아침 5시가 좀 넘으면 어김없이 옆집에서 큰 목소리로 "호-호-" 노래를 부르기 시작해요. 그것도 30분 넘게. 그러니 얼마나 시끄럽겠어요.

뭐라고 한마디 해주고 싶어도 도대체 어디 있는지 알 수가 있어야지요! 우리 울음소리는 4km 떨어진 먼 곳까지 들려요. 그러니 목소리만 들리지 누가 노래를 부르고 있는지는 안 보이는 거예요.

참고 살자니 너무 억울한 거 있죠. 그래서 나도 남편이랑 같이 더 큰 목소리로 노래를 불러서 복수하고 있어요. 요새는 우리 애들까지 합세해서 합창해대고 있지요.

물론 상대방도 자기 영역을 주장하느라 노래를 부르고 있다는 건 알아요. 하지만 조금만 더 배려해주면 좋을 텐데, 그렇지요?

우리의 규칙이 너무 엄격해 우울해 **제1장**

동물명 : 흰손긴팔원숭이
분　류 : 긴팔원숭잇과
크　기 : 42~59cm
서식지 : 동남아시아 열대림
특　징 : 체중은 수컷과 암컷 모두 비슷하며 둘 다 날카로운 송곳니가 있다.

이렇게 살고 있어요

긴팔원숭이 가족이 아침부터 큰 소리로 노래를 부르는 것은 다른 가족들과 맞닥뜨리지 않기 위해서예요. 만약 맞닥뜨렸을 경우에는 서로 위협하거나 내쫓지 않으면 안 되거든요. 그런 전쟁을 피하기 위해 미리 노래로 자신의 영역을 상대방에게 알려주고 있지요. 먹을 것도 아주 많은 곳이라 서로 사이좋게 지내면 좋을 텐데 그게 힘든가 봐요.

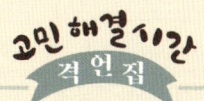

불로 불을 다루려고 하는 자는 자신도 재가 되리라.
(애비게일 반 뷰렌/미국 신문 칼럼니스트)

조금만 자유를
맛보고 싶었을
뿐인데~

제2장

가족과 함께 있는 일이 우울해

듬직한 아빠와 자상한 엄마. 세상에 진짜 그런 가족이 있나요? 아빠는 집에도 안 들어오고, 엄마는 애들을 그냥 방치하기만 하는걸요. 어떤 엄마는 애가 말을 안 들으면 그냥 머리로 들이받아 버리기도 해요. 그래서 강하게 클 수 있는 애들만이 어른이 될 수 있어요.

자이언트판다

우울한 단계
✺✺✺✺✺

쌍둥이를 둘 다 잘 키울 자신이 없어요. 한 마리는 거의 방치하고 있죠.

(암컷·7세·대나무잎 매니아)

   3일 전에 아기가 태어났어요. 그런데… 쌍둥이가 태어난 거예요. 엄마가 됐다는 기쁨도 잠시! 지금은 불안이 머릿속을 떠나지 않아요.

   솔직히 말해서 난 애 둘을 모두 다 잘 키울 자신이 없어요. 남편이 먹이를 가져다주면 좀 생각해 보겠지만, 수컷은 애 키우는 데 하나도 안 도와줘요. 나 혼자 저 애 둘을 어떻게 안아서 키워요? 그러다 혹시 떨어트리기라도 하면 어떡해요.

   게다가 영양도 부족해서 애 둘을 다 먹여 키울 젖도 안 나와요. 우리가 먹는 대나무 잎은 원래 거의 영양가가 없어요…. 그래서 길게는 하루에 16시간이나 먹이를 찾아다니며 밥 먹는 데 시간을 써야 해요. 그러니 언제 애들을 돌보겠어요. 진짜 마음은 괴롭지만, 몸집이 작은 아기가 희생할 수밖에 없어요.

가족과 함께 있는 일이 우울해 　제2장

동물명 : 자이언트판다
분　류 : 판다과
크　기 : 1.2~1.5m
서식지 : 중국 중서부의 대나무숲
특　징 : 막 태어난 아기 판다는 몸무게가 100~150g 정도로 아주 작다.

이렇게 살고 있어요

판다는 40~50%의 높은 확률로 쌍둥이를 낳아요. 하지만 몸집이 크게 태어난 아기 판다만 키우고, 몸집이 작은 아기 판다는 그대로 방치해 굶어 죽고 만답니다. 냉정해 보이지만, 몸집이 작은 아기 판다는 몸집이 큰 아기 판다가 병으로 죽을 경우에 대비해 낳은 예비 판다에 지나지 않아요. 가혹해 보이지만 이것도 혹독한 자연 속에서 살아남기 위한 규칙의 하나지요.

고민해결시간 격언집

인생의 비극 제1막은 부모 자식이 되는 순간부터 시작된다.
(아쿠타가와 류노스케/일본의 소설가)

가족과 함께 있는 일이 우울해 **제2장**

솜털머리타마린

우울한 단계
★★★☆☆

육아하는 아빠가 이렇게 힘들 줄이야!

(수컷·4세·애 키우기 수련 중)

요새 인간 세상에는 육아하는 아빠가 늘고 있다면서요? 엄마뿐 아니라 아빠도 애를 키운다! 물론 나도 찬성파예요! 사랑하는 아내도 돕고 귀여운 애들도 돌보고 일석이조죠.

그런데 생각보다 애 보기가 많이 힘드네요. 이제 겨우 한 달 조금 지났을 뿐인데 말이에요. 일단 애들이 너무 무거워요. 제 몸무게가 600g인데, 애들 무게가 글쎄 100g이나 돼요. 게다가 우리 집은 애가 둘이에요. 인간으로 치자면 60kg 되는 어른 머리 위에 큰 강아지 2마리가 올라타고 있는 것과 같아요.

아직 이 정도면 참을 만해요. 우리는 높이 40m가 넘는 나무 위에서 살아요.. 이름에 타마린이 붙긴 해도 원숭이는 원숭이잖아요. 애들 털 손질도 해줘야 하고, 놀이 상대까지 전부 나 혼자 다 해야 돼요.

아내는 젖을 줄 때만 잠깐 애들을 안아줄 뿐, 안 그럴 때는 계속해서 뭘 저렇게 먹고 있는지.

제2장 가족과 함께 있는 일이 우울해

동 물 명 : 솜털머리타마린
분   류 : 명주원숭이과
크   기 : 21~29cm
서 식 지 : 콜롬비아 북서부 산림
특   징 : 머리털이 하얗다. 강가나 넝쿨이 많은 숲에 살고 있다.

이렇게 살고 있어요

솜털 머리 타마린 아기는 태어나면 바로 아빠에게 맡겨져요. 그리고 약 3개월 동안 아빠가 아이들과 딱 붙어 키우죠. 아이들은 아빠 목에 목도리처럼 달라붙어 지내며 찌찌를 먹을 때만 엄마에게 가요. 영국의 한 대학교 연구에 의하면 애 키우기에 열심인 수컷일수록 암컷에게 인기가 많대요.

고민해결시간 격언집

가족이란 그냥 생기는 것이 아니라 노력으로 키워나가는 것이다.

(히노하라 시게아키/일본의 의사)

우울한 단계
★★☆☆☆

애들이 너무 무거워요.
언제까지 업어 키워야 하죠?

(암컷·6세·남편을 사랑함)

나는 지금 러시아의 시베리아에서 애를 키우고 있어요. 매년 봄부터 가을까지는 시베리아에서, 그리고 겨울은 한국의 강원도나 일본의 홋카이도에서 지내는 게 우리 고니들의 생활 스타일이에요.

올해 6월에 아기가 3마리 태어났어요. 그런데 애 키우기가 이렇게 힘들 줄은 꿈에도 몰랐네요.

태어나서 2, 3일이면 헤엄칠 수 있는 애들이 글쎄 틈만 나면 금방 "엄마 업어줘, 업어줘." 하고 보채요. 하는 수 없이 등에 태워주긴 하는데 3마리를 한꺼번에 업으면 등이 저릴 정도로 무겁고 힘들죠.

오리집 애들을 엄마가 안 업어줘도 저렇게 엄마 뒤를 졸졸 따라다니며 헤엄만 잘 치는데! 너무 부러운 거 있죠. 얼마 안 있으면 겨울을 보낼 한국까지 날아가야 하는데 우리 이대로 괜찮을까요?

가족과 함께 있는 일이 우울해 　제2장

동물명 : 큰고니
분　류 : 오릿과
크　기 : 140~160cm
서식지 : 유라시아, 한국, 일본. 우리나라는 강원도 경포대 경포호와 경상남도 낙동강 하구 및 전라남도 진도·해남 등이 대표적인 월동지.
특　징 : 부리가 콧구멍 앞까지 노란색을 띤다. 호수나 강에서 겨울을 보낸다.

이렇게 살고 있어요

고니는 5~6월에 걸쳐 시베리아에서 알을 낳아요. 태어나서 며칠이면 헤엄칠 수 있지만, 엄마에게 업어달라고 보채는 아기 고니가 많답니다. 시베리아는 여름에도 기온이 낮아서 엄마가 업어주면 따뜻하게 느껴지거든요. 적으로부터 아이들을 보호도 해야 하고, 아기 고니들이 헤엄치다 지치면 업어줘야 하고, 엄마들은 한시도 쉴 틈이 없네요.

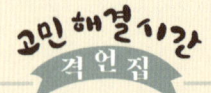

어떻게 하는지 보여주고, 말로 달래보고, 직접 시켜보고, 칭찬해주면 누구나 변할 것이다.

(야마모토 이소로쿠/일본 해군)

가족과 함께 있는 일이 우울해 **제2장**

우울한 단계
★★★☆☆

슬슬 독립할 나인데, 아들이 전혀 자립할 마음이 없어 보여요

(수컷·4세·추운 걸 싫어해요)

아빠인 제가 어렸을 때 좀 더 엄격하게 교육을 했어야 했어요.

3주 전에 독립한 아들이 있어요. 그런데 이 녀석이 다 커서도 자기가 직접 물고기를 잡으려고 하질 않아요. 물고기를 잡다가도 좀 안 잡힌다 싶으면 금세 포기해버려요. 그래 놓고선 나한테 와서 주둥이를 위로 하고 "물고기 주세요!" 하고 얼마나 조르는지. 키는 아빠만 한 게 하는 짓은… 자기가 언제까지 애긴 줄 아나 봐요.

그런데 아빠인 나도 그래요. 안 된다고 냉정하게 뿌리쳐야 하는데 조르면 안쓰러워서 금방 제가 잡은 물고기를 내주고 말거든요. 나도 언제까지 물고기를 잡을 수 있을지 모르는데. 요새는 수온이 높아져서 물고기 자체가 줄어들 때도 있거든요. 앞으로 우리 아들이 혼자 힘으로 잘 살아갈 수 있을지 아빠로서 걱정이 태산입니다.

가족과 함께 있는 일이 우울해 제2장

동 물 명 : 갈라파고스펭귄
분   류 : 펭귄과
크   기 : 53~55cm
서 식 지 : 갈라파고스 제도
특   징 : 추운 곳이 아닌 더운 지역에 살며, 주로 물고기를 잡아먹는다.

이렇게 살고 있어요

어린 갈라파고스펭귄은 알에서 부화하여 2개월 정도면 독립해요. 그 사이 부모가 사냥하는 방법을 부고 배우는데, 독립한 후에도 부모에게 물고기를 달라고 보채는 아기들이 많은 것이 현실이에요. 바다의 온도가 상승한 해에는 섬 주변 바다에 있는 플랑크톤(바다에 떠 있는 미생물)이 사라지기 때문에 플랑크톤을 먹고 사는 물고기가 모여들지 않아 아기 펭귄들이 전멸할 때도 있답니다.

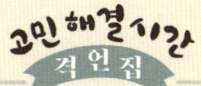

고민 해결시간
격언집

아이를 가장 불행하게 하는 만드는 것은 아이가 원할 때마다 무엇이건 바로 손에 쥐여주는 것이다.

(루소/프랑스의 철학자)

우울한 단계
★★★★☆

남동생이 무사히 태어날 수 있을까요?

(수컷·3세·이제 곧 키가 4m)

얼마 안 있으면 남동생이 태어나요. 형제가 처음 생기는 거라 정말 기대돼요.

그런데 걱정이 하나 있어요. 그건 바로 우리 엄마 키가 너무 크다는 거예요. 발끝에서 머리끝까지 재면 무려 6m나 돼요. 그러니까 일반 건물 2층 높이랑 똑같은 높이죠. 기린치고도 상당히 큰 편이죠.

엄마 키가 큰 게 뭐 그리 걱정이냐고요? 엄마 키가 너무 크면 남동생은 태어나는 순간 2m 높이에서 밑으로 떨어져야 하거든요. 제가 태어날 때는 다행히 바닥에 잘 떨어져서 괜찮았대요. 하지만 남동생이 머리라도 다치지 않을까 너무 불안해요.

또 한 가지는 태어나서 30분 안에 걸을 수 있을지도 걱정이에요. 바로 일어서 걷지 못하면 사자의 밥이 되기에 십상이어서요.

가족과 함께 있는 일이 우울해 제2장

동물명 : 기린
분　류 : 기린과
크　기 : 3.8~6m
서식지 : 사하라 사막 이남의 사바나
특　징 : 45cm나 되는 혀로 나뭇잎을 먹는다. 20년 이상 산다.

이렇게 살고 있어요

기린은 세상에서 키가 제일 큰 동물이에요. 지금까지 발견된 기린 중에는 6m가 넘는 기린도 있었어요. 기린은 선 채로 아기를 낳기 때문에 아기는 태어날 때 무려 2m 높이에서 떨어져 내려야 해요. 바닥에 떨어질 때는 쿵 소리가 날 정도래요. 많이 아플 것 같지만 다행히도 이리저리 회전하면서 떨어지기 때문에 다치는 일은 거의 없다고 해요.

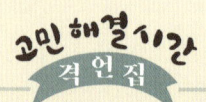

고민 해결시간
격언집

이 세상에 태어날 수 있다는 것, 그 자체가 이미 최대의 기회가 아닌가!

(아이트롱 세나/브라질의 자동차 경주 선수)

가족과 함께 있는 일이 우울해 제2장

우울한 단계

엄마가 주머니를 꼭 닫고 못 들어가게 해요

(암컷·9개월·점프 연습 중)

엄마는 이제 더 이상 날 좋아하지 않나 봐요.

내가 밖에서 놀기 시작한 어느 날, 갑자기 엄마 배에 달린 주머니에 못 들어가게 했어요. 어떻게든 들어가려고 안간힘을 썼지만, 엄마는 배에 힘을 꼭 주고 주머니 입구를 닫아버렸어요.

물론 밖에서 노는 것도 재미있죠. 하지만 난 아직 엄마 뱃속이 더 좋단 말이에요. 태어나서 8개월 동안 쭉 엄마 주머니 안에서만 살았어요.

그리고 가끔은 아기 때처럼 엄마 찌찌를 먹고 싶어질 때도 있잖아요. 콩알만 했던 내가 이렇게 큰 것도 다 우리 엄마 찌찌 덕분이에요. 태어나서 6개월 동안은 아예 엄마 젖을 입에 물고 먹고 싶을 때마다 빨아 먹었대요.

혹시 우리 엄마는 내가 주머니 안에서 응가를 했기 때문에 치우는 게 싫어진 걸까요? 앞으로는 꼭 밖에 나가서 응가할게요. 엄마~ 그러니까 제발!

가족과 함께 있는 일이 우울해 — 제2장

- 동 물 명 : 회색캥거루
- 분   류 : 캥거루과
- 크   기 : 수컷 120cm, 암컷 100cm
- 서 식 지 : 오스트레일리아 동부, 태즈메이니아섬의 덤불 지대와 산림
- 특   징 : 굵고 긴 꼬리로 몸의 균형을 잡는다. 꼬리 끝이 검다.

이렇게 살고 있어요

막 태어난 아기 캥거루는 몸길이가 약 2.5cm, 몸무게는 겨우 1g 정도예요. 1원짜리 동전 무게 정도죠. 태어나서 반년 동안은 엄마 배에 달린 주머니 안에 살면서 쭉 엄마 찌찌를 입에 문 채 빨아먹고 자라요. 먹고 난 뒤 주머니 속에서 싼 응가는 엄마가 혀로 핥아 늘 깨끗하게 청소해줘요. 그리고 아기 캥거루가 밖으로 나올 수 있을 정도로 크면 다음 아기를 임신하기 때문에 주머니 입구를 굳게 닫아버린답니다.

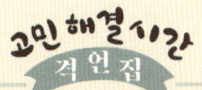

부모란 아이가 이를 갈기 위한 뼈 같은 존재.

(피터 유스티노프/영국 배우)

우울한 단계

우리는 네 쌍둥이, 엄마의 무서운 비밀을 알아버렸어요

(수컷·1세·셋째)

언제나 자상한 우리 엄마. 그런데 우리 엄마가 그런 짓을 했다니… 이건 절대 거짓말일 거예요!

우리 둘째 형이 그러는데, 우리 네 쌍둥이한테는 원래 같은 날 태어난 형제가 글쎄 20마리나 더 있었대요. 근데 금방 모두 죽었대요.

그리고 그 이유가 글쎄 엄마 젖꼭지가 달랑 네 개밖에 없었기 때문이래요. 난 그 이야기를 듣고 "아니 그럼 번갈아 가며 엄마 찌찌를 먹으면 됐잖아?" 하고 물어봤지만, 형 말은 그게 아니래요.

"엄마는 원래 튼튼하게 태어난 애들만 키울 생각이었어. 그래서 막 태어난 우리한테 젖꼭지 빨리 찾기 경주를 시켰지. 그 경주에서 이긴 우리 네 마리만 찌찌를 먹게 해준 거야."

전 형 말을 믿을 수가 없어요. 그런데 신기한 건 다른 집도 애들이 모두 넷밖에 없다는 거예요. 이건 정말 우연이겠죠?

동물명 : 태즈메이니아데빌
분 류 : 주머니고양잇과
크 기 : 50~60cm
서식지 : 오스트레일리아 태즈메이니아섬
특 징 : 유대류 최대의 육식 동물. 야행성. 나쁜 병이 유행해 멸종할 염려가 있다.

이렇게 살고 있어요

태즈메이니아데빌은 오스트레일리아 남쪽에 있는 태즈메이니아섬에 사는 작은 육식 동물이에요. 암컷은 건포도 크기만 한 사이즈의 아기를 20~30마리 낳아요. 태어난 아기들은 엄마의 젖꼭지를 찾아 금방 엄마 몸을 기어오르기 시작하지만, 엄마의 젖꼭지는 네 개밖에 없어서 빨리 찾은 아기만 차지할 수 있답니다. 안타깝게도 경주에 진 아기 태즈메이니아데빌은 모두 굶어 죽고 만대요.

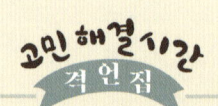

친해질수록 위험은 늘어난다.

(토마스 풀러/영국 신학자)

가족과 함께 있는 일이 우울해 **제2장**

우울한 단계

남편이 바람피우는 걸 목격하고 말았어요

(암컷·6개월·요새 사는 게 사는 게 아님)

제가요 지금 너무 충격을 받아서 말도 제대로 안 나올 지경이네요.

우리는 쥐 중에서도 드물게 평생을 같은 짝꿍이랑 사는데요. 물론 저도 며칠 전까지는 제 남편을 믿고 살았죠.

그런데 그건 착각이었어요. 어젯밤, 글쎄 남편이 젊은 암컷을 쫓아다니고 있는 것을 제 이 두 눈으로 생생히 목격하고 만 거예요. 이제 곧 8개월이나 되는 중년 아저씨가 2개월 된 아가씨한테 눈이 멀어서는! 내가 진짜!

원인은 바로 술이에요. 우리 초원들쥐는 진짜 술을 좋아하거든요. 요 며칠 집에 좀 늦게 오나 했더니 아무래도 혼자서 술을 마시러 돌아다녔나 봐요. 어제도 꽤 취해 있더라고요.

옆에서 동그랗게 몸을 말고 잠들어 있는 남편을 앞으로 어떡해야 할지 고민이에요. 콱 그냥 귀를 세게 물어뜯어 버릴까요?

제2장 가족과 함께 있는 일이 우울해

동물명 : 초원들쥐
분　류 : 비단털쥐과
크　기 : 9.5~14cm
서식지 : 북아메리카 초원
특　징 : 땅속에 터널을 파고 풀이나 나뭇잎으로 둥지를 만든다.

이렇게 살고 있어요

초원들쥐는 사람과 닮은 점이 많아요. 일부일처제에다 술도 마실 줄 알죠. 사실 일부일처제를 하는 동물은 드물어서 포유류도 3% 정도밖에 없다고 해요. 초원들쥐는 사람처럼 술을 마시면 바람을 피우기도 해요. 재미있게도 수컷과 암컷 모두 술을 좋아하는 경우에는 부부 사이 친밀도에 변함이 없지만, 둘 중 어느 한쪽만 술을 마실 경우는 바람을 피우기 쉽다는 실험 결과가 나와 있어요.

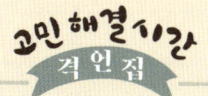

결혼은 어떤 나침반도 여태껏 항로를 발견한 적이 없는 험난하고 거친 바다.

(하이네/독일의 시인)

우울한 단계
★★★☆☆

공동생활을 해요.
그런데 가정교육이 안 된 애들이
너무 많아요

(암컷·1세·이래뵈도 쥐)

"너희들 똑바로 못 해!" 방방 뛰어대는 애들을 보면 늘 이 생각이 먼저 들어요.

우리는 낮이면 밖에서 먹을 것을 찾고, 밤에는 땅속에 파놓은 둥우리 구멍에서 휴식을 취해요. 둥우리 구멍은 다른 가족들과 공동생활을 해요. 구멍 한 곳당 대충 10가족 정도가 같이 살죠. 그러니까 요새로 치자면 쉐어하우스 같은 느낌?

우리가 사는 둥우리 구멍에는 지금 30마리 정도 되는 애들도 있어요. 그런데 너무 시끄럽게 굴어요. 애들이야 보기엔 귀엽지만, 맨날 뛰어다니는 걸 보고 있으면 때로는 짜증이 밀려오고 화가 치밀어 오르기도 하죠.

또 내가 우리 애들한테 젖 주려고 둥우리에 돌아오면 남의 집 애들까지 내 찌찌를 같이 먹으려 달려드니 이거 원! 같이 산다고, 다 똑같이 생겼다고 뭘 해도 괜찮다고 생각하나 봐요. 아니 이런 내 성격이 이상한가요?

가족과 함께 있는 일이 우울해 **제2장**

동물명 : 파타고니아마라
분　류 : 기니피그과
크　기 : 50~75cm
서식지 : 아르헨티나 중부와 남부
특　징 : 번식기 때는 둥우리 구멍 하나를 몇 쌍의 부부가 함께 사용하며 아기를 키운다.

이렇게 살고 있어요

파타고니아마라는 수십 쌍의 가족이 같은 둥우리에서 공동육아를 해요. 이렇게 모여 살면 퓨마 같은 적으로부터 아이들을 보호하는 데 도움이 되기 때문이죠. 그리고 또 다 같이 살면 부모 중 누군가는 항상 아이에게 젖을 먹이러 둥우리로 돌아와 있기 때문에 어른이 늘 가까이 있어 안심할 수 있어요. 단 같이 산다고 모두 사이가 좋은 것은 아니어서 남의 집 아이가 젖을 먹으려 가까이 다가오면 물어버릴 때도 있답니다.

고민해결시간 격언집

아이를 고칠 것인가, 어른의 생각을 고칠 것인가. 주의 깊게 생각해볼 일이다.

(융/스위스의 정신과 의사)

가족과 함께 있는 일이 우울해 **제2장**

타조

우울한 단계
★★★★★☆

다른 암컷 알은 미끼로 써도 괜찮겠죠?

(암컷·6세·몸무게가 100kg가 넘음)

한 달 전에 결혼했어요. 그런데 남편은 나 말고도 4마리나 되는 부인이 더 있어요. 수컷 타조는 최대 6마리까지 동시에 결혼하니까 뭐 그건 그렇다 쳐요. 하지만 내가 이해 안 되는 건, 다른 부인들 모두 애 키우는 일을 잘 안 하려고 한다는 거예요.

얼마 전 남편이 땅을 파고 둥지를 만들어 줘서 전 거기에 알을 낳았어요. 그 둥지에서 낳은 알을 따뜻하게 품고 있는데 둘째 부인, 셋째 부인, 넷째 부인이 순서대로 둥지 주변에 오더라고요. 그러더니 자기들 맘대로 알만 낳고 가버렸어요. 전부 합치면 한 50개는 돼요. 그런데 그 많은 알을 나 혼자 다 품으라고 맡겨만 두고 어디론가 다 가버리다니!

하지만 뭐 그것도 좋다 쳐요. 어차피 내가 따뜻하게 품어줄 수 있는 알은 한 가운데 있는 20개 정도뿐이니까요. 그래서 다른 알들은 적이 쳐들어오면 미끼로 쓸까 생각 중이에요.

가족과 함께 있는 일이 우울해 제2장

동물명 : 타조
분　류 : 타조과
크　기 : 175~275cm
서식지 : 아프리카
특　징 : 현재 살아 있는 새 중에서 제일 크다. 발은 빠르지만 하늘을 날지는 못한다.

이렇게 살고 있어요

타조는 새지만 나무 위가 아닌 땅 위에 알을 낳아요. 그래서 늘 타조 알을 노리는 사자와 하이에나의 공격을 받을 위험성이 높죠. 사실 둘째 부인이 낳은 알은 이런 맹수들이 공격해올 때 유인하는 미끼로 쓰고 있다는 설도 있어요. 둥지 바깥쪽에 있는 알을 뺏겨도 한가운데 있는 첫째 부인이 낳은 알은 지킬 수 있으니까요.

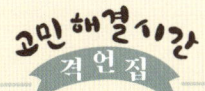

복수할 때와 사랑할 때 여성은 남성보다 야만적이다.
(니체/철학자)

우울한 단계
★★★★☆

나는 맨날 뒷전!
제멋대로 구는 남편을
두고 보는 것도 하루 이틀이죠!

(암컷·18세·하와이를 제일 좋아해요)

수컷들은 정말 왜 저럴까요?

결혼할 땐 사랑의 노래까지 불러주며 프러포즈를 했어요. 그것도 5시간 넘게. 그렇게 로맨틱했던 남편이었는데 결혼하고 아이가 생기니까 완전히 차갑게 변하더라고요.

특히 겨울에는 최악이에요. 우리는 봄부터 여름까지는 북쪽 바다에서 많은 물고기를 잡아먹고, 가을이 되면 하와이나 오키나와 근처의 따뜻한 바다로 이동해요. 겨울에는 물고기가 얼마 없어서 아무것도 못 먹을 때가 많아요. 물론 애들은 찌찌를 먹고 있어서 괜찮지만.

엄마인 난 배가 고파 괴롭지만 애들 키우기에는 따뜻한 바다가 좋잖아요. 그래서 가능하면 오랫동안 따뜻한 남쪽 바다에서 살고 싶은데, 남편은 봄이 오자 번개 같은 스피드로 북쪽 바다로 돌아가버렸어요. 남편 머릿속에는 온통 정어리 잡아먹을 생각밖에 없거든요.

가족과 함께 있는 일이 우울해 **제2장**

동물명 : 혹등고래
분　류 : 참고랫과
크　기 : 12~16m
서식지 : 전 세계의 바다
특　징 : 먹이를 잡아먹을 때는 대량의 바닷물과 함께 작은 물고기들을 같이 집어삼킨다.

이렇게 살고 있어요

노래까지 불러주며 프러포즈를 했던 로맨틱했던 혹등고래도 결혼하면 전형적인 남편의 모습이 되나 봐요. 봄이 오면 하루빨리 물고기를 잡아먹고 싶은 남편 혹등고래는 가족을 놔두고 혼자 북쪽 바다로 떠나버려요. 한편 겨울이 다가오면 남편은 제일 먼저 따뜻한 남쪽 바다로 출발합니다. 아이가 딸린 엄마 혹등고래는 가능한 물고기를 많이 잡아먹고 영양분을 보충한 다음에 떠나야 해서 언제나 제일 늦게 출발하게 돼요.

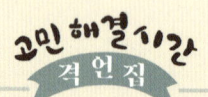

아이를 사랑하는 엄마의 사랑에 대항할 수 있는 것은 이 세상에 아무것도 없다.

(아가사 크리스티/영국 추리작가)

가족과 함께 있는 일이 우울해 **제2장**

아마미검은멧토끼

우울한 단계
★★★☆☆

이틀에 한 번, 겨우 2~3분밖에 엄마를 못 봐요

(수컷·1개월·성장기)

마지막으로 엄마를 본 게 어젯밤. 그리고 하루가 지나고 이제 곧 새 아침이 밝아오는데 엄마는 아직도 집에 안 들어와요.

내가 엄마 얼굴을 보는 건 대략 이틀에 한 번이에요. 평소에는 엄마가 만들어준 은신처에서 혼자 쭉 잠을 자요.

엄마가 돌아오면 나한테 찌찌를 줘요. 하지만 2~3분 지나면 금세 어디론가 가버리죠. 게다가 은신처를 떠날 때는 반드시 입구를 흙으로 막아버려요. 처음에는 놀랐는데, 이렇게 해야 들고양이나 반시뱀에게 은신처를 들키지 않는대요.

가끔 난 엄마랑 같이 있고 싶어요. 하지만 엄마는 밖에서 열심히 일하는 거니까. 슬슬 배가 고파진다 싶으면 엄마는 마치 내 생각이 들리기라도 한 듯 금방 집으로 돌아와요. 역시 우리 엄마 최고예요!

제2장 가족과 함께 있는 일이 우울해

- 동물명 : 아마미검은멧토끼
- 분 류 : 토낏과
- 크 기 : 42~51cm
- 서식지 : 일본의 아마미오섬과 도쿠노시마섬
- 특 징 : 온몸이 검은 털로 덮여 있으며 귀가 짧다. 일본의 천연기념물.

이렇게 살고 있어요

아마미검은멧토끼는 일본의 아마미오섬과 도쿠노시마섬에만 살고 있는 일본 고유종 토끼예요. 아기 멧토끼는 태어나서 어른이 될 때까지 2개월 동안 은신처에서만 지낸답니다. 엄마를 만날 수 있는 건 이틀에 한 번, 찌찌를 먹는 2~3분 정도가 다예요. 엄마의 모유가 생기는 시간과 아기 멧토끼가 배가 고파지는 시간이 정확하게 일치하기 때문에 배가 고파서 고생하는 일은 없어요.

고민해결시간 격언집

인생은 눈을 뜨고 엄마의 얼굴을 사랑하는 것부터 시작된다.
(조지 엘리어트/영국의 작가)

우울한 단계
★★★★☆

수컷은 도움이 안 돼요.
일하랴 애들 키우랴
몸이 남아나질 않네요

(암컷·6세·관리직)

나는 지금 50마리가 되는 하이에나 무리의 우두머리예요. 하이에나는 모계 사회라서 수컷보다 암컷이 더 크고 힘도 세죠. 특히 암컷의 경우에는 서열이 정해져 있어요. 그리고 서열이 높은 암컷 몇 마리만 아기를 낳을 수 있고요.

난 우두머리라서 아이를 낳을 수 있는 것까지는 좋았어요. 그런데 앞으로의 일을 생각하면 한숨이 절로 나오네요. 왜냐하면 아이가 젖을 뗄 때까지 1년 반 정도 걸리기 때문인데요. 그동안은 애들한테 젖도 줘야 하고 사냥도 다녀와야 하기 때문이에요. 수컷들은 약해 빠져서 사냥할 때 하나도 도움이 안 돼요.

그리고 또 내 골치를 썩이는 게 바로 사자예요. 사자들은 늘 우리가 고생해서 잡은 동물을 뺏어 먹으려고 하죠. 진짜 너무하죠? 그런데 인간들은 우리가 사자 먹이를 뺏어가려고 한다고 알고 있어요? 완전 정반대거든요. 그런 사자를 보고 '동물의 왕'이라고요? 우와~ 내가 진짜 어이가 없어서.

가족과 함께 있는 일이 우울해 **제2장**

동물명 : 점박이하이에나
분　류 : 하이에나과
크　기 : 95~180cm
서식지 : 아프리카의 사바나
특　징 : 암컷이 수컷보다 몸집이 크다. 사냥도 암컷이 더 잘해서 무리 지어 사냥감을 사냥한다.

이렇게 살고 있어요

엄마 점박이하이에나는 일도 하고 애도 키우는 슈퍼우먼이랍니다. 밖에서는 다른 암컷들과 힘을 모아 얼룩말이나 영양 같은 동물을 사냥하고 집에 돌아오면 아이에게 젖을 먹이죠. 특히 천적인 사자에게 아이를 지키기 위해서, 사냥감을 빼앗기지 않기 위해 싸워야 할 때도 있어요. 그때 수컷들은 뭘 하냐고요? 아이들과 남아 함께 집을 보고 있대요.

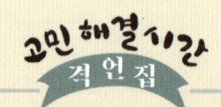

진화라는 게 진짜 있다면 왜 우리 엄마는 손이 두 개밖에 없을까?

(밀턴 벌리/미국의 배우)

제2장 가족과 함께 있는 일이 우울해

 하마

우울한 단계 ●●○○○○○

엄마가 화가 나서 큰일이에요. 화나면 머리로 들이받아 버리거든요

(수컷·2세·반항기)

우리 엄마는 한번 화가 나면 어떻게 할 수가 없어요. 얼마나 무서운지 몰라요. 우리는 피부가 상당히 민감해서 햇빛에 계속 노출되면 화상을 입거든요. 그래서 낮에는 강물 속에서 지내다 밤이 되면 육지로 올라와 먹을 것을 찾으러 다녀요. 육지에 올라오면 엄마 옆에 딱 붙어서 걸어 다녀야 해요.

만일 조금이라도 늦거나 길가에 나 있는 풀을 뜯어 먹다 걸리면 엄마는 갑자기 머리로 나를 들이받아 버려요. '그 정도로 뭘'이라고 생각할지 몰라요. 하지만 하마는 몸무게가 2톤이 넘는 데다 최고 시속이 50km라고요. 이건 엄연히 어린이 학대예요! 한번 부딪히면 몸이 하늘로 붕 뜰 정도죠.

어쨌건 우리 엄마는 화를 진짜 잘 내요. 우리 영역을 침범하면 그게 사자건 악어건 상관없이 싸우는 게 우리 엄마예요. 정말 아무도 못 말려요.

가족과 함께 있는 일이 우울해 　제2장

동물명 : 하마
분　류 : 하마과
크　기 : 3~4.2m
서식지 : 아프리카 사바나 강가, 호수, 늪
특　징 : 건조한 피부 때문에 자외선에 약하다. 낮에는 물속에서 지낸다.

이렇게 살고 있어요

하마 하면 느긋한 이미지가 떠오르지만 사실은 아주 난폭한 동물이에요. 특히 아이가 딸린 엄마 하마는 성질이 거칠어서 자기 영역을 침범한 동물은 가차 없이 공격한답니다. 길가에 난 풀을 먹는 아이도 머리로 들이받아 버릴 정도로 엄격한 엄마지만 사실은 아기 하마를 지키기 위한 행동이에요. 아기 하마는 사자에게 공격을 받기 쉽기 때문에 새끼가 곁을 떠나지 않도록 언제나 신경을 곤두세우고 있답니다.

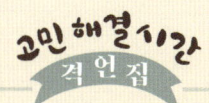

엄마의 마음은 아이들의 교실.

(헨리 워드 비처/미국의 목사)

미끌미끌한
저 입술로
매일 뽀뽀하러
찾아와요

제3장
하루하루가 너무 힘들어서 우울해

사람들 사는 곳만 스트레스가 많은 건 아니에요. 숲속, 강가, 초원을 한번 잘 들여다보세요. 윗사람의 괴롭힘, 성희롱, 수면 부족에 화장실 매너 문제까지…. 자연 속에 사는 동물들의 일상도 절대 평온한 것만은 아니랍니다.

우울한 단계
★★★★★☆

맨날 서서 자기 힘들어요. 가끔은 네 다리 쭉 뻗고 자고 싶어요

(수컷·1세·한참 크는 중)

사자가 너무 부러워요. 힘이 센 것도 부럽지만 언제나 저렇게 바닥에 벌러덩 누워서 자잖아요. 아, 얼마나 기분 좋을까요?

얼룩말은 잘 때도 서서 자요. 선 채로도 잘 수 있는데 뭐가 문제냐고요? 하지만 잘 때는 역시 네 다리 쭉 뻗고 누워서 자는 편이 좋잖아요?

사실 딱 한 번 사자처럼 누워서 자보려고 한 적이 있어요. 그랬더니 "그렇게 잤다가는 네 몸이 폭발한다!"며 아빠가 노발대발하는 거예요.

그때는 아빠가 거짓말하는 줄 알았어요. 그런데 정말 누운 지 한 30분 정도 지나자 진짜 배가 빵빵하게 부풀어 오르기 시작하는 거예요. 나는 너무 무서워서 얼른 자리에서 일어났죠.

우리는 하루 중 겨우 1~2시간밖에 자지 않아요. 하지만 역시 평생에 딱 한 번만이라도 좋으니 부드러운 풀 위에서 편안히 누워 자고 싶어요.

동물명 : 사바나얼룩말
분　류 : 말과
크　기 : 2.1~2.5cm
서식지 : 아프리카 동부부터 남부에 자리한 사바나와 트인 삼림
특　징 : 건기와 우기 사이 무리를 지어 대이동을 한다.

이렇게 살고 있어요

얼룩말뿐만 아니라 소, 말, 기린 같은 초식 동물은 모두 선 채로 잠을 자요. 누워서 잘 경우 신체 구조상의 문제로 트림을 하지 못하게 되기 때문인데요. 초식 동물의 위 속에는 풀을 소화하기 위한 세균이 있어요. 그런데 이 세균은 이산화탄소와 메탄가스를 대량으로 방출해요. 누워서 잘 경우 이 가스를 트림으로 내보낼 수 없게 돼 결국 내장이 파열되어 죽고 만답니다.

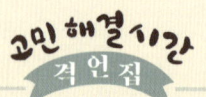

너무 많은 휴식은 너무 적은 휴식과 마찬가지로 우리 몸을 더 피곤하게 만든다.

(카를 힐티/스위스 법학자)

제3장 하루하루가 너무 힘들어서 우울해

우울한 단계
●○○○○

씻어도 씻어도
더러운 때가 안 벗겨져요

(암컷·14세·제일 좋아하는 먹이는 바다표범)

　진짜 충격적인 일이 벌어졌어요. 나의 백옥 같던 흰색 털에 초록색 물이 든 거예요.

　아무래도 이끼가 낀 것 같아요. 물로 박박 씻고 아무리 헤엄을 쳐봐도 초록색 물이 절대 안 빠지네요. 도대체 어떻게 해야 예뻤던 원래 제 흰색 털로 되돌릴 수 있을까요?

　추운 북극에서 살아가기 위해 북극곰에게 절대 빼놓을 수 없는 중요한 부분이 바로 이 털이에요. 털은 체온이 밖으로 도망가는 것을 완벽하게 막아주죠. 그래서 이렇게 새하얀 얼음 세계에서도 살아갈 수 있는 거고요.

　그런데 이제 흰곰이 아니라 초록색 곰이 될 판이니…. 이대로는 털 색깔이 너무 눈에 띄어서 바다표범도 못 잡게 생겼어요.

　이대로 고민만 하다가는 흰머리가 늘어날 것 같아요. 뭐 흰머리가 늘어도 어차피 아무도 눈치채지 못하겠지만요.

하루하루가 너무 힘들어서 우울해 제3장

동물명 : 북극곰(흰곰)
분　류 : 곰과
크　기 : 2~3m
서식지 : 북극권 연안 지대
특　징 : 커다란 몸집과 두터운 모피를 가지고 있어 아주 추운 얼음 바다에도 들어갈 수 있다.

이렇게 살고 있어요

북극곰의 털은 빨대처럼 안이 텅 비어 있어요. 이 비어 있는 부분에 공기가 쌓여 온몸을 따뜻한 공기 쿠션으로 감싸는 작용을 해 주죠. 이 털 덕분에 추운 북극에서도 살 수 있는 거예요. 그러나 드물게 빈 털 부분에 이끼가 들어가 초록색이 되는 경우가 있어요. 이끼는 털 안쪽에서 자라는 거라 바깥쪽에서 아무리 씻어도 절대로 지워지지 않는답니다.

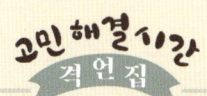

행복한 인생의 비결은 변화를 기쁘게 받아들이는 것.
(제임스 스튜어트/미국의 배우)

우울한 단계
★★★★☆

적 앞에 꼼짝 않고 숨어 있을 땐 무서워서 죽는 줄 알았어요

(암컷·2개월·일본 나라현에 가보고 싶어요)

얼마 전 하마터면 여우한테 잡아먹힐 뻔한 적이 있었어요.

적이 나타나면 엄마는 바로 "삐~~~잇!" 하고 높은 소리로 알려줘요. 이 소리는 "얼른 숨어!"라는 뜻이에요. 만약 이 울음소리가 들리면 바로 근처에 있는 덤불에 숨어서 꼼짝하지 말고 엎드려 있어야 해요. 엄마가 "이제 나와도 괜찮아."라고 말해줄 때까지 절대로 움직여선 안 되죠.

하지만 여우가 바로 눈앞까지 다가왔을 때는 진짜 너무 무서웠어요. 엄마는 "네 몸에 있는 하얀 점박이 무늬 때문에 쉽게 찾지는 못할 거야"라고 나를 안심시켰어요. 하지만 숨을 죽이고 엎드려 있다 보면 정말 심장이 입으로 튀어나올 정도로 가슴이 벌렁거려요.

적이 나타나면 엄마가 멀리 유인해주는데, 가끔 적이 엄마를 안 따라가고 엄마만 혼자 멀리 갈 때도 있어요. 그럴 때는 정말 간이 콩알만 해지죠..

하루하루가 너무 힘들어서 우울해 **제3장**

동물명 : 일본사슴
분　류 : 사슴과
크　기 : 90~200cm
서식지 : 한국, 일본, 중국 동북부와 남서부, 타이완, 베트남
특　징 : 수컷의 뿔은 85cm나 되는 것도 있다. 매년 새로 자란다.

이렇게 살고 있어요

아기 일본사슴의 몸에는 '아기 사슴 무늬' 라고 불리는 하얀 반점이 있어요. 맑은 날 숲에 들어가면 나무들 틈새로 빛이 분산되어 땅 위가 하얗게 비치는 것을 볼 수 있잖아요. 실은 아기 사슴의 반점은 이 빛을 흉내 낸 거예요. 육식 동물은 색을 거의 볼 수 없기 때문에, 눈앞 덤불 속에 아기 사슴이 꼼짝 않고 있으면 지면과 똑같이 보여서 분간할 수 없답니다.

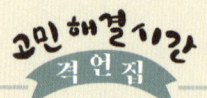

인내란 무서워서 행동하지 않는 것이 아니다. 적극적으로 참고 견디는 것이다.

(디이터 F. 우흐트도르프/독일의 파일럿)

제3장 하루하루가 너무 힘들어서 우울해

 산호

우울한 단계 ★★★★★☆

빌붙어 사는 물고기가 맨날 미끌미끌한 입술로 키스를 해요

(수컷·120세·날씨에 민감)

놀래기라는 물고기가 맨날 뽀뽀해대서 진짜 미치겠어요.

물론 정열적인 게 나쁘다고 말하는 건 아니에요. 그래도 난 120살인데 상대는 이제 겨우 세 살. 너무 나이 차이가 많이 나잖아요?

그리고 상대도 수컷, 저도 수컷이에요. 산호를 이상한 모양의 식물 정도로 알고 있는 사람들이 많은데, 사실 우리는 완전한 동물이에요. 산호한테도 암컷과 수컷이 있다고요. 또 개중에는 암컷 수컷 양쪽 모두 될 수 있는 산호도 있고요.

할 말은 많지만 진짜 하고 싶은 말은 놀래기의 입술이에요. 엄청 미끌미끌하거든요. 입맞춤을 받은 순간 정말 미끄덩 하는 소리가 날 정도로 미끌미끌해요. 그리고 아파요. 빨아 당기는 힘이 너무 세요.

내 몸에는 독침이 있어서 표면을 보호하고는 있지만, 전혀 듣질 않아서 이젠 포기 단계예요.

제3장 하루하루가 너무 힘들어서 우울해

- 동물명 : 큰수지맨드라미산호
- 분　류 : 곤봉바다맨드라미산호과
- 크　기 : 직경 15cm
- 서식지 : 일본 키이 반도 이남, 우리나라는 제주도 연안에만 분포
- 특　징 : 가지 모양으로 뻗어 있는 몸체 곳곳에 폴립같이 생긴 촉수 뭉치가 형성되어 있다. 산호초에서 많이 볼 수 있다.

이렇게 살고 있어요

산호초에는 약 6,000종류의 물고기가 살고 있어요. 그중에서 산호를 먹는 물고기는 128종으로 약 2%밖에 되지 않아요. 놀래기라는 물고기는 마치 키스하듯 산호의 고기를 빨아먹고 살아요. 놀래기의 입술은 아주 두꺼운 데다 미끌미끌한 액체가 나와서 산호의 독침이 전혀 효과를 발휘하지 못한답니다.

고민 해결 시간 격언집

연애하는 데 나이는 따질 필요는 없다. 연애하고 싶은 마음은 언제나 생긴다.

(파스칼/프랑스의 철학자)

우울한 단계

공동 화장실에 똥을 모아두는 거 그만두면 안 될까요?

(수컷·1세·미혼)

옛날부터 진짜 이상하다고 생각했는데요. 어째서 우리는 모두의 똥을 모아서 '똥산'을 만들까요?

우리 엄마 말로는 너구리들은 원래 그렇대요. 물론 나도 매일 그러고 있긴 하죠. 그런데 아침마다 매일 줄 서서 순서대로 같은 장소에 똥을 싸는 건 진짜 좀 이상하지 않나요?

얼마 전엔 친구가 배탈이 난 적이 있었어요. 그런데 화장실 줄은 전혀 줄어들 기미가 안 보이고⋯. 나뭇가지를 씹어가며 안간힘을 다해 참고 있던 친구는 결국 3마리를 남겨놓고 못 참고 뛰쳐나갔죠.

일단 줄에서 나가면 다시 맨 뒤에 서야 하는 게 우리 규칙이에요. 솔직히 나한테도 언젠가는 친구 같은 일이 벌어지지 말라는 법도 없어서 좀 불안하죠.

너구리 공동 화장실⋯. 똥 정도는 자기 맘대로 아무 데나 싸도 괜찮을 것 같은데 말이죠.

하루하루가 너무 힘들어서 우울해 **제3장**

동물명 : 너구리
분 류 : 갯과
크 기 : 50~60cm
서식지 : 유럽과 동아시아
특 징 : 야행성이며 주택가에 나타나는 경우도 있다. 나무도 올라갈 수 있다.

이렇게 살고 있어요

너구리는 갯과 동물이에요. 개는 전봇대에 오줌을 싸서 그 냄새로 다른 개와 커뮤니케이션을 하는데, 너구리는 구린내로 정보 교환을 해요. 너구리는 매년 같은 지역에서 가족을 만들어요. 그렇기 때문에 그 지역에 사는 다른 너구리와 같은 장소에서 똥을 누며, 현재의 가족 숫자와 아이 교육 상황 등을 서로 알려주는 듯해요.

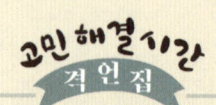

진짜 전쟁은 마지막 5분간에 달려 있다.

(나폴레옹/프랑스의 군인)

하루하루가 너무 힘들어서 우울해　제3장

우울한 단계
●●●○○

이렇게 된 이상 들이박기죠. 제대로 싸우는 게 먼지 한번 보여 주죠

(암컷·5세·털 많은 편)

　각오는 됐어요. 사랑스러운 우리 애들을 위해서라면 뭐든 할 준비가 말이죠. 누구든 한두 가지쯤은 절대 양보 못 하는 게 있잖아요. 제가 양보할 수 없는 게 바로 풀이에요! 보드라운 풀을 우리 애들에게 먹일 수만 있다면 다른 엄마들과 머리로 치고받고 싸운다 해도 하나도 겁 안 나요.
　우리는 매년 2~3월경에 아이를 낳아요. 그런데 이 시기는 먹을 풀이 적을 때에요. 그래서 여기저기서 엄마들이 자기 아기들 먹일 풀을 확보하기 위해 그야말로 풀 쟁탈전이 벌어진답니다.
　그때 써먹을 수 있는 것이 바로 머리에 난 짧은 뿔이에요. 다른 엄마들도 풀을 뺏길 것 같으면 머리에 난 뿔로 서로의 머리를 들이받아 버려요. 암컷의 뿔은 수컷보다는 작지만, 끝이 날카로워서 받히면 진짜 눈물이 핑 돌죠.
　애들을 생각하면 질 수가 없어요. 그러니 우리를 언제까지나 겁쟁이 동물이라고 놀리지 마세요! 그건 완전 착각이니까요.

제3장 하루하루가 너무 힘들어서 우울해

동물명 : 큰뿔양
분　류 : 솟과
크　기 : 1.6~1.9m
서식지 : 북아메리카의 높은 산의 초원
특　징 : 몸집이 큰 야생 양으로 수컷의 뿔은 최대 120cm까지 자람

이렇게 살고 있어요

양은 암컷, 수컷 모두 뿔이 있어요. 커다란 소용돌이같이 생긴 수컷 뿔은 다른 수컷과 암컷을 놓고 쟁탈전을 벌일 때 쓰이죠. 수컷끼리 서로 뿔로 들이받으며 싸워서 이긴 수컷이 암컷을 가질 수 있어요. 한편 암컷의 짧은 뿔은 다른 암컷들과 풀 쟁탈전을 벌일 때 쓰인답니다. 양을 얌전한 동물로 보는 시각이 많지만 싸울 때는 무서울 정도로 싸운답니다.

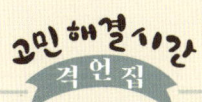

이기기 위해서는 한 번은 싸워야 한다.

(마거릿 대처/전 영국 수상)

우울한 단계
★★★★☆☆☆

아내가 밥을 안 나눠 줘요. 뿔로 들이받아 주고 올게요

(수컷·5세·지금은 뿔 없음)

전국에 계신 아버지들! 지금이야말로 제멋대로 구는 아내의 폭행을 멈추기 위해 떨쳐 일어날 때입니다!

우리 수컷 순록은 겨울이 되면 뿔이 뿌리째 쑥 빠지고 말아요. 그렇기 때문에 뿔 없이 추운 겨울을 나야 하죠.

순록을 상징하는 뿔이 없다는 것이 얼마나 허전하고 불안한지 모를 거예요. 머리가 다 춥게 느껴질 정도예요. 그래서 그 허전함도 달랠 겸 가족의 따뜻함을 기대하며 집으로 돌아왔어요. 마침 아내와 아이가 땅에 난 이끼를 사이좋게 먹고 있더라고요. 그런 둘의 모습이 너무 사랑스러워서 "어디 아빠도 같이 한 입 먹어볼까?" 하며 곁으로 다가갔죠. 그런데 아내가 제 배를 옆에서 뿔로 들이받았어요. 암컷은 겨울에도 뿔이 그대로 달려 있거든요.

뿔이 없는 나는 사랑하는 아이 앞에서 추태를 보이며 도망가는 수밖에 없었죠. 이런 도리에 어긋난 일이 있다니 여러분 이래서야 쓰겠습니까?

하루하루가 너무 힘들어서 우울해 **제3장**

동물명 : 순록(토나카이)
분　류 : 사슴과
크　기 : 1.2~2.2m
서식지 : 북극권 근처의 툰드라
특　징 : 사슴과 중에서 유일하게 수컷, 암컷 모두 뿔을 가지고 있다. 풀이나 이끼를 먹고 산다.

이렇게 살고 있어요

순록은 수컷과 암컷 모두 뿔이 있어요. 단 뿔이 나는 시기가 저마다 달라요. 수컷 뿔은 봄에 나서 그해 겨울에 떨어지는 데 비해, 암컷의 뿔은 여름에 자라 다음 해 봄에 떨어지죠. 암컷의 뿔이 조금 늦게 나는 것은 수컷으로부터 아이들을 지키기 위해서예요. 수컷은 겨울이 되면 아내와 아이들의 먹이를 뺏어 먹으러 찾아오거든요. 그럴 때 암컷이 뿔로 들이받아 수컷을 멀리 쫓아버려요. 아이를 사랑하는 마음으로 말이죠.

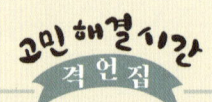

고민해결시간
격언집

아버지가 되는 것은 어렵지 않지만, 아버지로 인정받기는 대단히 어렵다.

(빌헬름 부쉬/독일의 화가)

제3장 하루하루가 너무 힘들어서 우울해

우울한 단계
★★★★★☆

우리가 왜 하늘을 날아야 하죠?

(성별 밝히지 않음·1개월·개구리 견습생)

얼마 전 하늘에서 올챙이들이 무더기로 떨어져 내린 적이 있었어요.

거짓말 같죠? 무슨 동화책에서 나오는 이야기도 아니고…. 그래서 나도 처음에는 근처에 사는 장난꾸러기 초등학생들이 집어 던진 건가 했어요.

그런데 며칠 뒤 또다시 하늘에서 올챙이 비가 내렸어요. 그것도 30마리나. 그리고 이번엔 작은 물고기도 같이 하늘에서 떨어졌지요. 그때부터 그 논 근처에는 하늘을 나는 올챙이 이야기가 끊일 새가 없었어요.

어떤 개구리가 말하기를 분명히 그날 거센 바람이 불었거나 소용돌이가 일어 하늘로 날아갔을 거래요. 그렇지만 그날은 바람 한 점 없이 맑게 갠 날이었거든요. 그러니 그건 아닌 것 같아요.

그럼 다음으로 생각해 볼 수 있는 게, 두루미나 까마귀가 우리를 잡아먹은 다음 하늘에서 토해냈다는 설인데. 아니 잡아먹을 땐 언제고 도로 뱉는 건 뭐래요! 너무 심하지 않나요?

제3장 하루하루가 너무 힘들어서 우울해

- 동물명 : 청개구리
- 분　류 : 청개구릿과
- 크　기 : 2.5~4.3cm
- 서식지 : 한국, 일본, 중국, 러시아 연해주 등
- 특　징 : 청개구리가 울면 75% 확률로 비가 내린다고 알려져 있다.

이렇게 살고 있어요

2009년 6월에 일본 이시카와현에서 실제로 일어난 일이에요. 주차장에 있던 한 남자가 뭔가 우두둑 떨어지는 수리가 나서 주변을 살펴보니 자동차 위뿐만 아니라 그 주변에 올챙이 100여 마리가 떨어져 있었대요. 현재는 논에서 올챙이를 잡아먹은 두루미가 올챙이 몸에 묻은 농약이 맛없어서 하늘에서 도로 뱉어버린 것이 아니냐고 추측하고 있어요.

고민해결시간 - 격언집

모든 것을 다 알았다고 절대로 생각하지 말라.

(유도라 웰티/미국의 작가)

우울한 단계
★★★★★★

젊은이들! 소변 매너 좀 지킵시다!

(수컷·12세·사실은 수영할 줄 알아요)

요새는 눈에 거슬릴 정도로 정말 매너 없는 젊은이들이 많은 것 같아요.

특히 소변볼 때는 정말 가관이죠. 우리 말레이맥은 개처럼 땅바닥이나 나무에 소변을 보고 그 냄새로 자신의 영역을 주장해요.

그런데 요새 젊은 애들은 소변을 볼 때 소변이 뒤쪽 5m가량 날아간다는 사실을 잊고 사는 것 같아요. 자기 소변이 얼마나 튀는지 거리를 분간하지 못하고 사고치는 젊은이들이 정말 눈에 많이 보여요. 지난번에도 길을 가는데 마주 오던 젊은 수컷이 소변을 보는 바람에 온통 뒤집어쓴 적이 있었어요. 완전히 당했죠.

그리고 요새 자주 목격하는 것이 걸어가면서 볼일을 보는 맥이에요. 뒤도 확인 안 하고 그런 짓을 하다니. 다른 맥한테 오줌이 튀면 어떻게 되는지 아무 생각이 없는 거죠.

소변이 나오는 거야 어쩔 수 없지만, 보다 절도 있게 볼일을 볼 순 없을까요?

하루하루가 너무 힘들어서 우울해 **제3장**

동물명 : 말레이맥
분　류 : 맥과
크　기 : 180~250cm
서식지 : 말레이시아 반도, 수마트라섬
특　징 : 맥 종류에서는 제일 몸집이 크다. 검정색과 등부터 허리까지 나 있는 하얀색 털은 약간 어두운 숲속에서 눈에 잘 띄지 않도록 도와준다.

이렇게 살고 있어요

맥을 전시해놓은 동물원에 가보면 유독 '소변 주의!' 라는 간판이 눈에 띌 때가 있어요. 맥은 특이하게 뒤쪽으로 스프레이를 발사하듯 소변을 봐요. 소변이 날아가는 거리는 최대 5m. 이렇게 냄새로 자신의 영역을 알리고 또 한 가지 냄새로 결혼 상대를 찾는답니다. 참고로 걸어가며 대변도 볼 수 있어요.

고민해결시간 — 격언집

사람의 실수는 용서하기보다 잊어버려라.

(나카무라 덴푸/일본의 사상가)

하루하루가 너무 힘들어서 우울해 제3장

 꿀벌

우울한 단계
★★★★★★

결혼하려고 접근했다가 사기 당했어요

(수컷·4개월·로맨티스트)

그날 난 꽃의 꿀을 빨아 먹기 위해 산 중턱을 날고 있었어요. 그때 어디선 암벌의 좋은 냄새가 났지요. 순간 운명처럼 '아 나는 저 여자랑 결혼해야지'라는 생각이 들었어요. 멋진 암벌을 발견하면 바로 대시하는 게 우리들 수컷이잖아요.

냄새를 따라 가보니 풀밭 위에 암벌이 보였어요. 몸매도 그렇고 크기도 그렇고 천상 암벌이었죠.

그런데… 그건 내 착각이었어요. 처음엔 가까이 다가가 용기를 내어 "안녕!" 하고 말을 걸어봤어요. 그런데 계속 꾸물꾸물거리기만 하는 거예요. 처음에는 쑥스러워서 그런가 싶었죠. 그런데 그게 아니었어요.

그건 몸집이 작은 땅가뢰 애벌레가 모인 덩어리였어요. 오 마이 갓! 그때부터 전 죽을힘을 다해서 도망쳐 간신히 집으로 돌아올 수 있었죠. 정말 충격적이었어요. 왠지 오늘 밤은 몸도 마음도 무겁네요.

제3장 하루하루가 너무 힘들어서 우울해

- 동물명 : 어리뒤영벌
- 분　류 : 꿀벌과
- 크　기 : 10~26mm
- 서식지 : 한국과 일본의 논밭과 풀밭
- 특　징 : 땅속에 벌집을 짓는다. 몸은 노란색 털로 덮여 있으며 긴 입으로 꽃의 꿀을 빨아먹는다.

이렇게 살고 있어요

땅가뢰 애벌레는 암컷 꿀벌과 똑같은 냄새를 풍겨서 수벌을 유인해요. 특히 땅가뢰 애벌레는 모두 벌과 똑같은 크기의 덩어리로 뭉쳐 있기 때문에 얼핏 보기에는 정말 벌로 오해하기 쉽답니다. 이렇게 유인에 성공한 땅가뢰 애벌레들은 가까이 온 수컷 몸에 올라타 벌집까지 이동해요. 그곳에서 진짜 암벌들이 아이들을 위해 가져온 꿀을 훔쳐 먹으며 크게 성장해요.

고민해결시간 격언집

사랑에 빠져 있을 때만큼 고통에 무방비할 때는 없다.
(지그문트 프로이드/오스트리아의 정신과 의사)

우울한 단계
★★★★★★

우리가 뿜는 독을
바르는 약 대신 쓰지 마세요!

(수컷·2세·비 오는 날을 좋아함)

우리 노래기는 지네랑 완전히 달라요!

지네는 날카로운 턱이 있어서 거미나 지렁이, 심지어 쥐까지 잡아먹는 무서운 녀석이죠. 그러나 우리 노래기한테는 턱이 없어서 물어뜯을 수가 없어요. 먹을 수 있는 거라곤 썩은 식물 정도죠. 적이 공격해오면 우리 몸에 있는 구멍에서 오렌지색 독을 내뿜어 싸워요. 만지면 약간 따끔거릴 정도로 아주 약한 독이긴 하지만요.

그런데 요새 여우원숭이 사이에서 이상한 소문이 돌고 있대요. 글쎄 자기들 엉덩이에 묻은 기생충을 없애는 데 우리가 내뿜는 독이 효과가 끝내준다는 거예요. 진짜 우리를 잡아다가는 자기네 엉덩이랑 성기에 문지르는 일이 유행이 되었어요. 정말 기가 막혀서 할 말이 없네요.

하루하루가 너무 힘들어서 우울해 **제3장**

동물명 : 노래기
분　류 : 노래기과
크　기 : 약 20mm
서식지 : 전 세계 아열대부터 온대
특　징 : 돌 밑이나 낙엽 속 같은 어둡고 습한 장소에서 살고 있다.

이렇게 살고 있어요

최근 한 보고에 의하면 아프리카 마다가스카르섬에 사는 붉은이마여우원숭이가 노래기를 잡아 엉덩이 주변에 문지르고 있는 것을 알아냈다고 해요. 노래기 독에는 균을 죽이거나 균이 늘어나는 것을 방지해주는 벤조퀴논이라는 성분이 들어 있는데요. 여우원숭이는 이 독을 연고처럼 온몸에 발라서 기생충을 죽이고 있는 것으로 보인답니다.

고민 해결 시간 - 격언집

장애에 굴복하지 않을 것이다. 그 어떤 장애도 내 안에 강한 의지를 만들어낼 뿐이다.

(레오나르도 다 빈치/이탈리아의 예술가)

하루하루가 너무 힘들어서 우울해 　제3장

가시가지나방 애벌레

우울한 단계
★★☆☆☆

하루의 절반 이상을 새똥인 척하며 살아요

(수컷·생후 25일·특기는 흉내 내기)

조금만 더, 이제 조금만 더 참으면 돼요.

태어난 지 이제 한 달, 새들한테 잡아먹히지 않으려고 난 매일 오직 똥인 척하며 살아왔어요. 진짜 우리가 변장에 얼마나 노력을 많이 하는데요. 보기에도 깜짝 놀랄 만큼 새똥하고 완전 똑같은 흑갈색과 흰색을 띠고 있어요. 중간중간 소화 안 된 덩어리가 있는 느낌까지 생생하게 잘 살리고 있죠.

그런데 진짜 중요한 건 그게 아니에요. 사실 우리가 가장 목숨 걸고 열심히 해야 하는 건 얼마나 우리 몸을 동그랗게 잘 말 수 있는가예요. 왜 새똥도 잘 보면 일자가 아니라 끝이 약간 둥글게 말려 있잖아요. 이 '둘둘 말려 있는 느낌'을 잘 살리지 않으면 오히려 새들 눈에 띄어서 잡아먹히기 쉽거든요.

그리고 우리가 커서 몸집이 좀 커지면 "뭐지 이 큰 똥은?" 하면서 새들도 금세 의심하는 모양이에요. 그러니 좀처럼 맘을 놓을 수가 없네요.

제3장 하루하루가 너무 힘들어서 우울해

- 동물명 : 가시가지나방
- 분　류 : 가지나방과
- 크　기 : 36~45mm
- 서식지 : 전국의 숲, 수목원, 공원
- 특　징 : 성충은 가늘고 긴 날개를 접고 앉는다. 암컷은 대부분 빛을 향해 돌진하지 않는다.

이렇게 살고 있어요

산에 사는 가시가지나방의 애벌레는 새똥과 똑같은 색과 모양을 하고 있어요. 새들에게 잡아먹히지 않도록 속이기 위한 일종의 변장술인데요. 하지만 똥처럼 자연스럽게 몸을 동그랗게 말지 못할 경우 금방 들켜버린대요. 그래서 유충들은 동그랗게 뒤틀린 새똥처럼 몸을 동그랗게 말고 하루의 대부분을 지내야 해요.

고민 해결 시간 - 격언집

고난이 찾아왔을 때 동요하지 않을 것. 이것이야말로 칭찬받아 마땅한 인물이라는 증거다.

(베토벤/독일의 음악가)

왜 자꾸 우리를
구분 못 하죠?
내가 제일 귀엽잖아요?

제4장

사람들이 오해해서 우울해

방해된다며 죽여서 멸종시켜 버려요. 그래 놓고선 멸종 위기에 처한 동물은 잘 보호해서 다시 살려내려고 노력하죠. 우리 동물들이 보기에는 이런 인간들이야말로 정말 수수께끼투성이에요.

우울한 단계

저 하나도 안 까만데요?

(수컷·15세·이래 봬도 채식주의자)

이름만 놓고 보면 흰코뿔소는 흰색이고, 검은코뿔소는 검은색일 것 같잖아요? 그런데 난 하나도 안 까만데 어떡하죠? 흰코뿔소랑 비교해 봐도 거의 차이가 안 날 정도예요. 오히려 검은코뿔소보다 더 검은 흰코뿔소가 있을 정도니까요.

그럼 어째서 이런 이름이 붙었을까요? 사실 그 이유를 듣고 솔직히 좀 실망 많이 했어요.

글쎄 입이 옆으로 긴 흰코뿔소를 보고 '입이 와이드한 코뿔소'라고 말한 것을 누군가가 '화이트한 코뿔소'라고 잘못 알아들었대요. 그래서 붙은 이름이 흰코뿔소. 그리고 이쪽이 흰코뿔소니까, 다른 한쪽은 검은코뿔소! 이런 식으로 우리 이름을 정했대요. 아니 이건 무슨 음식 메뉴 이름 정하는 것도 아니고, 평생 불릴 이름인데 좀 더 신중하게 정했어야죠!

사람들이 오해해서 우울해 **제4장**

동 물 명 : 검은코뿔소
분   류 : 코뿔솟과
크   기 : 3~3.8m
서 식 지 : 아프리카 남부 삼림
특   징 : 뿔이 2개 있다. 뾰족한 입으로 나뭇잎을 뜯어 먹는다. 암컷과 아이 코뿔소는 10여 마리씩 무리를 지어 생활한다.

이렇게 살고 있어요

흰코뿔소와 검은코뿔소의 몸 색깔은 거의 차이가 나지 않아요. 확실한 차이는 바로 입 모양. 흰코뿔소는 입이 옆으로 길게 생겨서 땅에 난 풀을 한 번에 많이 먹을 수 있어요. 반면 검은코뿔소는 풀은 먹지 않고 콩과의 식물잎이나 새싹을 먹기 때문에 뜯어 먹기 편하도록 입 끝이 뾰족하답니다. 그러나 영어 발음을 잘못 들어서 지금의 이름이 정해졌다고 해요.

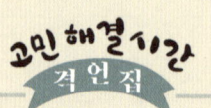

세상의 모든 진실이 쌓여 하나의 커다란 거짓이 만들어진다.
(밥 딜런/미국의 음악가)

사람들이 오해해서 우울해 **제4장**

우울한 단계
●●○○○

지금이 봄이에요? 겨울이에요? 이러다 애들 감기 들겠어요

(암컷·6세·될 수 있으면 움직이고 싶지 않음)

   3개월 전 오스트레일리아에서 일본 동물원으로 온 코알라예요. 한 가지 물어보고 싶은 게 있어요, 지금 1월이잖아요. 그런데 왜 이렇게 추운 거죠?

   내가 살았던 오스트레일리아는 1월이 한여름이라 무척 덥거든요. 12월이면 산타클로스 옷을 입은 젊은 사람들이 바다에서 서핑하는 걸 자주 볼 수 있어요. 물론 루돌프 사슴이 아니라 바나나보트를 타고 있지만요.

   다시 본론으로 돌아와서, 우리가 살던 오스트레일리아는 1~4월(여름부터 가을)에 아이를 낳고, 7~10월(겨울부터 봄)까지 아기를 주머니 속에서 키워요. 막 태어난 아기가 겨울에 밖에서 지내면 얼마나 춥고 힘들겠어요. 그래서 그걸 피하기 위해 그동안 이렇게 살아왔는데, 여기 1월은 너무 추워서 애들 건강이 너무 걱정돼요.

147

사람들이 오해해서 우울해 **제4장**

동물명 : 코알라
분　류 : 코알라과
크　기 : 72~78cm
서식지 : 오스트레일리아 동부의 유칼리 숲
특　징 : 아기 코알라는 이유식으로 엄마의 똥을 먹으며 차츰차츰 유칼리 잎을 먹을 수 있게 된다.

이렇게 살고 있어요

적도를 경계로 북반구와 남반구는 계절이 정반대예요. 그런 이유로 오스트레일리아에서 일본으로 온 코알라는 원래는 여름에 낳던 아이를 겨울에 낳게 되고 말죠. 참고로 코알라가 항상 나무에 붙어 사는 이유는 시원하고 기분 좋아서래요. 실은 코알라는 더위에 약해서 서늘한 나무에 붙어 살며 몸을 차갑게 식히고 있는 거랍니다.

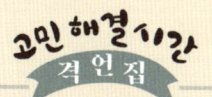

변화는 괴롭지만 항상 필요한 것 또한 변화다.

(토머스 칼라일/영국의 역사가)

우울한 단계
★★★★★★

인간은 적이에요? 우리 편이에요?
우릴 좋아해줘서 고맙긴 하지만…

(수컷·5세·털이 많아요)

난 평소엔 북극과 가까운 바다에서 살아요. 얼마 전에 일본 홋카이도 근처에 있는 강까지 놀러 간 적이 있었는데 완전 난리가 났었죠. 사람들이 카메라랑 비디오로 어찌나 날 찍어대는지 완전 스타가 따로 없었어요.

그런데요, 우리 엄마는요 사람들 가까이 절대 가지 말래요. 50년 전까지만 해도 사람들이 우리 해달을 많이 잡아 죽였대요. 그래서 한때는 멸종 위기까지 갔었죠. 그런데 어느 날부터 사람 발길이 뚝 끊겼어요. 덕분에 우리는 다시 서식 수가 늘어나기 시작했어요. 도대체 무슨 일이 있었던 걸까요?

지금 우리 인기는 정말 최고예요. 그런데 그렇게 우리가 좋으면 우리가 좀 더 살기 편한 환경을 만들어주면 더 고마울 것 같아요. 방법은 간단해요. 성게, 게, 전복을 다 잡가가지 말고 바다에 아주 많이 남겨줘요. 그럼 정말 고마워할게요.

동물명 : 해달
분　류 : 족제빗과
크　기 : 1.2~1.5m
서식지 : 북태평양 연안 지역, 일본 홋카이도 동쪽 연안
특　징 : 쉴 때 조류에 떠내려가지 않도록 해초로 몸을 묶는다.

이렇게 살고 있어요

해달 모피는 수달과 더불어 최고급 모피 제품으로 팔렸던 때가 있었어요. 지금까지 수만 마리가 죽어 모피가 되었지요. 다행히 현재는 사냥이 금지되어 있어 개체 수가 다시 늘어나고 있지만요. 그러나 옛날처럼 전국적으로 사는 것은 어려울지도 몰라요. 해달의 먹이는 성게, 게, 전복으로 사람들이 좋아하는 것과 똑같아요. 해달이 이 먹이들을 다 잡아먹는 바람에 어부 아저씨들을 힘들게 할 때도 있어요.

고민 해결시간 - 격언집

손가락질하며 남을 비난하기 전에 당신의 손가락이 더러워져 있지 않은지를 먼저 살펴보라.

(밥 말리/자메이카의 음악가)

제4장 사람들이 오해해서 우울해

나무늘보

우울한 단계
★★☆☆☆

그러니까 난 게으름뱅이가 아니라고요!

(수컷·8세·소식가)

   그러니까 우리는 절대 게으름을 피우고 있는 게 아니에요. 불필요한 움직임을 줄여서 에너지 소비를 최소한으로 줄이고 있는 거예요. 이렇게 사는 건 우리가 살아남기 위해 찾아낸 결론이죠.

   여하튼 우리는 잘 안 움직여요. 움직이더라도 1시간에 16m 정도. 50m 달리기를 할 경우 결승점까지 가려면 3시간 정도가 필요해요.

   그리고 나무에서 내려가지도 않아요. 밥 먹을 때도 잠잘 때도 아이를 낳는 것도 다 나무 위에서 해요. 땅에 내려갈 때는 7~10일에 1번, 볼일을 볼 때뿐이죠.

   이렇게 노력한 결과, 우리는 하루에 풀잎 8g만 먹으면 살 수 있게 되었어요. 게다가 그렇게 먹은 8g도 한 달 동안 천천히 소화시켜요. 반대로 이렇게까지 움직이지 않는데도 살 수 있다는 게 더 대단하지 않나요?

   단, 가끔 나뭇잎이 소화가 안 돼서 굶어 죽는 일도 있어요.

사람들이 오해해서 우울해 **제4장**

동물명 : 세발가락나무늘보
분　류 : 세발가락나무늘보과
크　기 : 40~77cm
서식지 : 중앙아메리카부터 남아메리카
특　징 : 하루의 대부분을 나무에 거꾸로 매달려 지낸다. 수영을 잘한다.

이렇게 살고 있어요

나무에 거꾸로 매달린 채 거의 움직이지 않기 때문에 게으름뱅이라는 이미지가 강해요. 그러나 그 덕분에 아주 적은 양만 먹어도 살 수 있지요. 같은 크기의 다른 포유류와 비교해 겨우 10%의 에너지만 있으면 살아갈 수 있거든요. 다만 적을 피해 도망갈 때 너무 심하게 움직이면 에너지가 다 떨어져서 죽기도 한다고 해요.

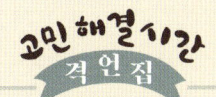

모든 일은 참고 기다리는 자에게 찾아온다.

(롱펠로/미국의 시인)

우울한 단계
★☆☆☆☆

제발 내 이름 좀 정확히 외워주세요

(수컷·15세·더 크고 싶어요)

나는 아시아코끼리도 아니고 아프리카코끼리도 아니에요. 지금부터 내 특징을 알려줄 테니까 잘 외우세요.

먼저 사는 곳이 완전히 달라요. 넓은 초원에 사는 건 아프리카코끼리, 우리는 열대 우림 지역에 살죠. 그래서 이렇게 몸집이 작은 거예요. 만약 몸집이 크면 정글의 좁은 길을 지나갈 수가 없잖아요.

그리고 아프리카코끼리 발굽은 앞다리에 4개, 뒷다리에 3갠데, 우리는 앞다리에 5개, 뒷다리에 4개 있어요. 앞뒤 모두 한 개씩 더 많아요.

그리고 가장 다른 점은 바로 우리 귀예요. 다른 코끼리와 비교해 둥글게 생겼어요. 그래서 이름도 둥근귀코끼리잖아요.

…제 이야기 다 듣고 나서도 따로 외우기 귀찮죠? 하긴 학자들조차 '약간 독특한 아프리카코끼리?'라고 얼마 전까지 생각했대요. 우와, 정말 미치겠어요.

사람들이 오해해서 우울해 **제4장**

아프리카코끼리

둥근귀코끼리

우리 부모 자식 사이 아니에요.

귀가 둥글고 몸집이 작아요!

동물명 : 둥근귀코끼리
분　류 : 코끼릿과
크　기 : 4~6m
서식지 : 아프리카 서부와 중앙에 자리한 삼림
특　징 : 몸집이 작고 귀가 둥근 모양을 하고 있다. 상아는 앞으로 구부러져 자라지 않고 아래를 향해 자란다.

이렇게 살고 있어요

2009년 9월, 일본의 야마구치현과 히로시마현 동물원에 있는 아프리카코끼리 구역에 둥근귀코끼리가 섞여 있던 것이 드러나 방송된 적이 있어요. 최근까지 둥근귀코끼리는 몸집이 작은 아프리카코끼리 정도로만 여겨 왔어요. 그런데 DNA 검사 결과 다른 종이라는 사실이 밝혀졌죠. 코끼리 진화의 열쇠를 쥐고 있는 진기한 코끼리지요.

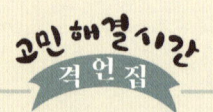

위대하다는 것은 그만큼 오해를 받기도 쉽다는 것이다.

(에머슨/미국의 사상가)

사람들이 오해해서 우울해 제4장

우울한 단계

우리를 물개 취급하지 마세요!

(수컷·9세·재주가 많음)

    나는 수족관에서 5년 동안 바다사자 쇼를 선보이고 있는 베테랑이에요. 가끔 손님들이 "물개가 정말 귀여워!" 하고 말해요. 정말 곤란해요. 잘 보세요. 얼굴이 원전 다르죠? 내 얼굴은 개 얼굴을 닮았고, 물개는 고양이 얼굴을 닮았어요. 게다가 우리는 커다란 지느러미를 앞뒤로 움직여서 걸을 수 있지만, 물개는 못 걸어요. 육지에 올라가면 애벌레처럼 꿈틀꿈틀거리며 기어갈 수밖에 없어요. 재주도 잘 못 부려요.

    난 앞다리로 몸을 들어 올려서 범고래 포즈도 할 수 있어요. 모두 범고래 좋아하죠? 그런데도 인형으로 만들어지고 사진집으로 만들어지는 건 맨날 물개뿐이에요. 그렇게 데굴데굴 굴러다니는 녀석이 어디가 좋아요?

제4장 사람들이 오해해서 우울해

- 동물명 : 캘리포니아바다사자
- 분　류 : 바다사자과
- 크　기 : 2~2.4m
- 서식지 : 북태평양, 갈라파고스 군도 주변
- 특　징 : 사람들과 금방 친숙해지며 수족관에서도 자주 볼 수 있다. 빨리 헤엄칠 때는 돌고래처럼 점프하면서 수영한다.

이렇게 살고 있어요

바다사자와 물개는 같은 종류처럼 보이지만 조상이 달라요. 바다사자는 약 2,000만 년 전에 현재의 캘리포니아 해안에 나타나 개나 곰의 조상에서 갈라졌어요. 하지만 물개는 1,500만~2,000만 년 전에 북대서양의 어딘가에서 족제비의 조상에서 갈라졌지요. 그래서 물개가 다소 고양이와 닮은 거예요.

고민 해결 시간 - 격언집

어느 누구도 자기 자신과 동급자보다 앞서는 것을 좋아하지 않는다.

(리비우스/로마의 역사가)

우울한 단계
★★★☆☆

제일 좋아하는 건 도토리!
산에 먹을 게 없어서 힘들어요

(암컷·9세·월동 준비 중)

얼마 안 있으면 겨울잠을 자야 하는데 불안하고 짜증이 나서 이대로는 안심하고 잠들 수가 없어요.

평소라면 겨울잠을 자기 전에 도토리를 많이 먹어 체력을 키워둬요. 그런데 올여름은 너무 더워서 도토리가 거의 열리지 않은 거예요.

어디 그뿐인 줄 아세요? 요새는 산속까지 도로가 뚫리고 건물이 들어서는 바람에 안심하고 먹을 것을 찾을 수 있는 장소가 줄어들고 있어요.

그래서 얼마 전에는 밤에 산에서 내려가 인간들이 사는 곳까지 먹을 것을 찾으러 갔었어요. 요새는 사람들이 개를 안 키워서 전보다 가까이 가기는 쉬워졌어요.

물론 이렇게 위험한 짓 나도 진짜 별로 하고 싶지 않죠. 그렇지만 어린 애들을 생각하면…. 엄마가 배고픈 애들을 그냥 손 놓고 보고 있을 수만은 없잖아요.

사람들이 오해해서 우울해 　제4장

동 물 명 : 반달가슴곰
분   류 : 곰과
크   기 : 1.1~1.5m
서식지 : 한국, 일본, 중국 북동부, 연해주 등지. 국내의 경우 지리산 북부 전역
특   징 : 가슴에 하얀 초생달 같은 문양이 있다. 나무를 잘 탄다.

이렇게 살고 있어요

일본 환경부 발표에 의하면 일본에서 2017년 곰이 출몰한 건수는 1만 2,812건, 2016년에는 1만 8,116건이나 된대요. 양쪽 모두 100건은 실제로 사람에게 피해를 주고 있어요. 곰은 원래 신중한 성격이라 사람이나 민가를 피하는 성격이 있어요. 그러나 요새는 여름에 덥고 도시가 점점 개발되며 주식인 도토리가 줄어들고 있어서 먹을 것을 찾아 사람 사는 곳까지 내려오는 경우가 늘어나고 있다고 해요.

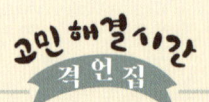

어머니의 힘은 때론 자연법칙을 초월한다.

(바버라 킹솔버/미국의 소설가)

사람들이 오해해서 우울해 **제4장**

우울한 단계
★★★★★☆

다시 한번 자연 속에서 살아갈 수 있을까요?

(암컷·3세·슬슬 독립할 시기)

나는 지금 일본의 니가타현 사도가섬에 있는 시설에서 지내고 있어요. 이 시설에는 나 말고도 200마리 정도 되는 따오기가 더 있어요. 그리고 다 자라면 자연으로 돌려보내 줘요.

왜 이런 일을 하는지 궁금하죠? 우리 아빠가 들은 이야기로는 원래 일본에는 따오기들이 많이 살고 있었대요. 그런데 높은 빌딩과 골프장을 많이 짓기 시작하면서 우리가 살아갈 숲이 줄어들었대요. 그 결과 우리는 점점 그 수가 줄어들었어요. 그리고 결국 2003년 일본에서 따오기는 완전히 멸종되었죠.

그래서 중국에 살던 따오기를 일본으로 옮겨다 길렀고, 그 자손이 바로 우리들이에요.

지금은 조금씩 개체 수가 늘고 있긴 하지만, 우리가 다시 자연 속에서 살 수 있는 날은 찾아올까요?

- 동물명 : 따오기
- 분　류 : 따오기과
- 크　기 : 55~78.5cm
- 서식지 : 중국 중서부 대나무 숲
- 특　징 : 얼굴이 빨갛고, 핑크색이 들어간 날개는 번식기가 되면 회색을 띤다. 특별 천연기념물.

이렇게 살고 있어요

옛날에 따오기는 중국, 한국, 일본에서 자주 볼 수 있는 새였어요. 그러나 개발과 농약 때문에 오염이 되었고 따오기는 살 곳을 빼앗기고 야생에서는 멸종되었죠. 그 후 우리나라에서는 경상남도 창녕군의 우포늪에 따오기 복원 센터를, 일본은 사도가섬에 보호센터를 건립했어요. 우리나라는 2017년 300여 마리까지 증식시키는 데 성공했고. 일본도 인공 증식에 성공해 지금은 자연 속에서 353마리의 따오기가 살고 있다고 해요. 한번 멸종되었던 생물을 다시 되살리는 데는 이처럼 오랜 시간과 많은 노력이 필요하답니다.

고민 해결 시간 격언집

자연은 끊임없이 우리라고 말하지만 그 비밀을 털어놓지는 않는다.

(괴테/독일의 시인)

우울한 단계
★★★☆☆

그런데 요새 이상한 울음소리를 내는 건 왜죠?

(암컷·2세·넓은 집을 갖고 싶어요)

결혼 상대를 찾고 있어요. 물론 수준 높은 상대를 구하기 위해 나도 매일 저 자신을 갈고닦고 있어요.

내가 원하는 상대는 흉내 내기를 잘하는 수컷이에요. 물총새 소리나 잉꼬 소리같이 다른 새소리를 진짜처럼 흉내 잘 내는 수컷은 인기가 하늘을 찔러요.

왜냐하면 흉내를 잘 내는 수컷은 다른 수컷이 대적할 수 없다고 생각해서 가까이 가지 않거든요. 그래서 활동 영역이 넓어지게 되죠. 그건 넓은 땅을 가지고 있다는 뜻이기도 해요. 땅 부자인 수컷은 정말 너무 매력적이에요.

하지만 요새 수컷들 흉내 내는 게 약간 이상해졌어요. 옛날에는 "삐삐삐삣" 하고 아름다운 목소리로 울었었는데, 지금은 "비이이이잉"이라거나 "찰칵찰칵" 같은 이상한 소리가 늘었어요. 이거 요새 대세인가요?

사람들이 오해해서 우울해 **제4장**

동물명 : 큰거문고새
분　류 : 큰거문고새과
크　기 : 90~100cm
서식지 : 오스트레일리아 남동부, 태즈메이니아섬 삼림
특　징 : 암컷에게 인기를 얻기 위해 수컷은 경쟁하듯 꼬리를 펼쳐서 어필한다.

이렇게 살고 있어요

큰거문고새는 조류 중에서도 흉내 내기 기술이 제일 뛰어난 것으로 유명해요. 베테랑의 경우 흉내 낼 수 있는 새소리가 15종류나 되죠. 그리고 20분 동안 쉬지 않고 노래할 수도 있어요. 그런데 요새는 인간이 가까이 살기 시작하면서 전기톱이나 카메라, 자동차 브레이크 소리 같은 인공적인 기계음을 흉내 내는 수컷이 등장하기 시작했대요. 유튜브를 검색하면 들어볼 수 있어요.

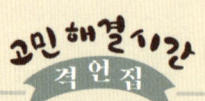

사랑은 배고픔으로 사는데 배가 부르면 죽고 만다.

(뮈세/프랑스의 작가)

사람들이 오해해서 우울해 **제4장**

우울한 단계

먹이를 던지지 마세요!
모래가 묻은 먹이는 싫어요!

(암컷·3세·옥수수 좋아함)

이런저런 사정이 있어서 지금은 동물원에서 사는 멧돼지예요. 모두 진짜 너무 잘해줘서 고마워요. 그런데 딱 한 가지 불만이 있어요.

매일 사과랑 닭고기 같은 먹이를 주잖아요? 밥 먹을 시간이 돌아오면 정말 너무 기뻐요. 그런데 제발 바닥에 던져서 주지 좀 마세요!

사과는 잘게 잘라서 주니까 바닥에 던지면 모래가 묻잖아요. 다 먹고 나면 입안이 꺼끌꺼끌해져요. 진짜 그렇게 밥 먹는 거 싫거든요. 그래서 난 하나하나 수로에 담가서 씻어 먹고 있어요.

여러분! 우리 멧돼지를 흔히 앞뒤 생각하지 않고 들이댄다는 선입견을 가지고 있는데, 사실 우리는 굉장히 계획적으로 살아요. 즐거운 일은 나중으로 미뤄두는 타입이라고요. 항상 앞으로 돌격만 하는 건 아니랍니다.

사람들이 오해해서 우울해 — 제4장

동물명 : 유라시아멧돼지
분　류 : 멧돼짓과
크　기 : 90~180cm
서식지 : 유럽에서 일본까지
특　징 : 어린 멧돼지는 줄무늬 문양이 있다.

이렇게 살고 있어요

스위스 동물원에서 살던 멧돼지는 모래가 묻은 사과를 동물원에 있던 냇가까지 가져가 코끝으로 30초 동안 깨끗하게 씻어서 먹었다고 해요. 모래 때문에 이가 닳는 것을 막기 위해 자연스럽게 씻어 먹는 것을 생각해냈다고 하죠. 다만 제일 좋아하는 옥수수는 아무리 모래가 묻어 있다 해도 식욕을 참지 못하고 금방 그 자리에서 다 먹어버린대요.

고민해결시간 - 격언집

과거와 타인은 바꿀 수 없다. 그러나 자신과 미래는 바꿀 수 있다.

(에릭 번/캐나다의 의사)

우울한 단계
✹✹✹✹✹✹

주인님이 안 돌아와요
(암컷·나이 모름·저녁형 개)

도대체 우리 주인님은 어디로 가버린 걸까요? 오늘도 전철은 타지 않은 모양이에요.

나는 인도 서부 뭄바이라는 마을에서 지금은 들개로 살고 있어요. 그러나 두 달 전까지만 해도 난 사람이 키우던 개였죠.

그런데 어느 날 주인님이 갑자기 내 앞에서 종적을 감췄어요. 난 그때부터 매일 밤 11시가 되면 전철역으로 갔어요. 역으로 들어오는 전철마다 들여다보는 게 버릇이 되었죠. 주인님은 항상 같은 전철을 타고 집에 왔거든요. 그래서 혹시 오늘은 돌아올지도 모른다는 기대감 때문에 매일매일 역에서 기다리게 돼요.

주인님이 없어졌을 당시 내 배 속에 있던 아기들도 무사히 태어났어요. 지금은 힘들지만, 열심히 키우고 있고요. 빨리 주인님한테 우리 아기들을 보여주고 싶어요.

사람들이 오해해서 우울해 **제4장**

동물명 : 아키타견
분　류 : 갯과
크　기 : 어깨 높이 58~70cm
서식지 : 일본 아키타현 원산
특　징 : 주인을 충실히 섬긴다.

이렇게 살고 있어요

2018년 2월, 인도의 칸 주르 마르게역에서 매일 밤 같은 전철을 기다리는 개가 있다는 사실이 언론에 보도되어 화제가 됐어요. 이 개에겐 4마리의 강아지가 있었는데, 임신한 걸 눈치챈 주인이 개를 버린 것이 아닌가 추정하고 있답니다.
한국에서도 매년 약 10만 마리의 개가 버려져 보호되고 있으며 그중 약 2만 마리가 안락사되고 있다고 해요.

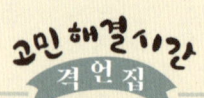

사랑의 반대는 미움이 아니라 무관심이다.

(마더 테레사/유고슬라비아 출신의 수녀)

사람들이 오해해서 우울해 **제4장**

우울한 단계
★★☆☆☆

내가 1,000년을 산다고요?

(암컷·15세·벌써 중년)

   도대체 '두루미는 천 년, 거북이는 만 년' 산다고 말한 사람 누구예요? 상식적으로 생각해봐도 그렇게 오래 사는 건 무리 아닌가요?

   동물원에 남아 있는 기록을 보면 제일 오래 산 두루미는 시베리아흰두루미로 62세. 야생에서는 42세까지 산 두루미가 있다고 해요. 참고로 새 중에서 가장 오래 산 기록을 가진 새는 큰유황앵무새로 세상에! 121세까지 살았어요.

   그리고 거북이도 만 년을 산다는 게 말이 돼요? 지금까지 제일 장수한 거북이는 마다가스카르에 사는 육지거북으로 188세였대요.

   참고로 두루미 머리 위에 있는 빨간 동그라미 아시죠? 태양같이 보인다고 해서 길조로 여기는데, 사실 그 부분은 털이 빠져서 대머리가 된 거거든요. 아니 그렇다고 그렇게 대놓고 쳐다보면 어떡해요!

사람들이 오해해서 우울해 **제4장**

동물명 : 재두루미
분　류 : 두루밋과
크　기 : 90~120cm
서식지 : 한국·일본·중국(남동부), 국내의 경우는 순천만
특　징 : 풀이나 나무열매, 곤충, 물고기를 주로 먹는다.

이렇게 살고 있어요

아무리 그래도 1,000년을 사는 건 무리겠죠? 두루미의 평균 수명은 20~30년 남짓으로 새 중에서도 장수하는 편이라 할 수 있어요. 마찬가지로 거북이도 장수한다고 알려지는 바람에 언제부턴가 두루미와 거북이가 한 쌍이 되어 운수대통의 상징이 되어 왔는데요. 그러나 사실 진짜 장수하는 생물은 성게예요. 여건만 좋으면 200년 정도 살 수 있어요. 그리고 작은보호탑해파리는 불로장생한다고 알려져 있어요.

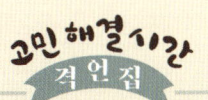

몇 살까지 사느냐가 중요한 것이 아니라 어떻게 사느냐가 더 중요하다.

(에이브러햄 링컨/미국 제16대 대통령)

맺음말

어때요? 여러분! 『세상에서 가장 재미있고, 불쌍하고, 놀라운 동물도감』 재미있었나요?

옛날 제가 숲에서 현장 조사를 할 때 한번은 이런 일이 있었어요.

하루는 나무뿌리 옆에서 오소리가 열심히 구멍을 파고 있는 게 보였어요. 뿌리가 얽히고설킨 곳이라 무척 파기 힘든 곳이었죠. 그런데 오소리가 어찌나 열심히 파던지 드디어 구멍이 생겼어요. 그런데 세상에 거기에 대뜸 너구리가 와서 살기 시작하는 거예요. 너구리는 구멍을 잘 파지 못하기 때문에 오소리가 열심히 파놓은 구멍을 대신 쓰는 거였지요. 한편 너구리는 오소리 대신 나무뿌리를 잘근잘근 물어뜯어 줄 수도 있고, 오소리가 싫어하는 동물들을 쫓아줘서 서로에게 도움을 준다고 해요.

우리 같았으면 누군가 파놓은 굴을 몰래 가로채는 것은 나쁜 짓이라 생각할지 몰라요. 하지만 동물들끼리는 이렇게 서로 상부상조하며 살고 있답니다. 이 모습을 보면서 자연은 정말 잘 어우러지도록 만들어져 있구나 하며 감동했어요.

이 책에서 다룬 동물들의 우울한 면도 사실 동물들 입장에서 보자면 전혀 우울하지 않을지도 몰라요. 엄격한 자연 속에서 살아가기 위한 지혜이기도 하고, 자손을 남겨 생존해 나가기 위한 규율이기도 하니까요.

동물들은 이렇듯 다양한 모습을 가지고 있어요. 빨리 달릴 수 있거나, 힘이 센 것이 멋질 수도 있지만, 이 책에 나온 동물들이 불평하듯이 전혀 멋지지 않은 부분도 가지고 있어요. 사람도 마찬가지예요. 항상 멋질 순 없으니까 사랑스러운 거잖아요.

이 책을 읽으면서 그런 동물들의 멋지지 않은 부분들을 마음껏 즐겁게 읽어주었으면 해요.

"힘든 거 알아! 그래도 잘 버텨봐!"

우울한 동물들이 우리에게 보내주고 있는 메시지가 들리는 것 같지 않나요?

이마이즈미 다다아키

감수 **이마이즈미 다다아키**

1944년 도쿄 출생. 도쿄수산대학(현 도쿄해양대학)을 졸업하고 국립과학박물관에서 포유류 분류학과 생태학을 연구했습니다. 문부성(현 문부과학성)의 국제생물학사업계획 조사, 환경청(현 환경성)의 이리오모테살쾡이 생태 조사 등에도 참여했습니다. 우에노 동물원의 동물 해설가, 시즈오카현의 고양이박물관 관장 등을 역임했으며 지금은 오쿠다마 지역과 후지산의 자연 생태 조사를 하고 있습니다. 저서로는 『작은 생물들의 위대한 신기술』, 『신기한 고양이』 등이 있으며 감수한 책으로는 『유감스러운 동물 사전』 시리즈, 『이유가 있어서 멸종했습니다』 등이 있습니다.

옮긴이 **나운영**

20대엔 열정과 욕망으로 유럽배낭 여행작가를, 30대엔 한일부부 사이에서 태어난 세 아이를 일본에서 낳고 키우면서 읽어준 동화책들 덕분에 40대 아줌마가 여기까지 왔습니다. 중간에 경력이야 좀 끊겼지만 대신 그 그릇은 커져서 돌아왔습니다. 그 그릇에 채워갈 다음 스테이지를 준비 중입니다.

단국대학교 일어일문과, 동대학원에서 현대문학 전공.
일본센슈대학교 대학원 현대문학 1년 교환학생 수료.
『발 큰 여자 지구가 좁다』가 대표작이며 그 외 일서번역서 다수.

Burakkuna Ikimono Zukan(Dobutsutachi No Shirarezaru Kibishii Okite)
Copyright © 2018 TADAAKI IMAIZUMI, All rights reserved.
Original Japanese edition published in Japan by Asahi Shimbun Publications Inc., Japan.
Korean translation rights arranged with Asahi Shimbun Publications Inc., Japan
through Imprima Korea Agency.

이 책의 한국어판 저작권은 Imprima Korea Agency를 통해
Asahi Shimbun Publications Inc.과의 독점계약으로 ㈜살림출판사에 있습니다.
저작권법에 의해 한국 내에서 보호를 받는 저작물이므로 무단전재와 무단복제를 금합니다.

세상에서 가장 재미있고, 불쌍하고, 놀라운 동물도감

펴낸날	초판 1쇄 2021년 12월 31일
감 수	이마이즈미 다다아키
글쓴이	아사히신문출판 편집부
그린이	요코야마 미유키
옮긴이	나우영
펴낸이	심만수
펴낸곳	㈜살림출판사
출판등록	1989년 11월 1일 제9-210호
주소	경기도 파주시 광인사길 30
전화	031-955-1350 팩스 031-624-1356
홈페이지	http://www.sallimbooks.com
이메일	book@sallimbooks.com
ISBN	978-89-522-4330-0 73490

살림어린이는 ㈜살림출판사의 어린이 브랜드입니다.

※ 값은 뒤표지에 있습니다.
※ 잘못 만들어진 책은 구입하신 서점에서 바꾸어 드립니다.

이 도서의 국립중앙도서관 출판시도서목록(CIP)은 서지정보유통지원시스템 홈페이지
(http://seoji.nl.go.kr)와 국가자료공동목록시스템(http://www.nl.go.kr/kolisnet)에서
이용하실 수 있습니다.(CIP제어번호: CIP2017001477)

사용연령	4세 이상	제조국	대한민국
제조년월	2021년 12월 31일	제조자명	㈜살림출판사
연락처	031-955-1350		
주소	경기도 파주시 광인사길 30		
주의사항	책을 던지거나 떨어뜨리면 모서리에 다칠 우려가 있으니 주의하세요.		

KC마크는 이 제품이 공통안전기준에 적합하였음을 의미합니다.